DIE TOCHTER, DIE WIR UNS IMMER GEWÜNSCHT HABEN

DIE GESCHICHTE VON MARTA

Die Übersetzung und Publikation der Geschichte von Marta wurde durch die großzügige Unterstützung des *Zukunftsfonds der Republik Österreich* und der *Österreichischen Freunde von Yad Vashem* ermöglicht.

ICHEIC Humanitarian Fund

Dieses Buch wurde im Rahmen des ICHEIC-Programms veröffentlicht. Der ICHEIC Humanitarian Fund unterstützt die *International School for Holocaust Studies* mit einem internationalen Projekt zur Bewahrung der Erinnerung an den Holocaust, Bekämpfung des Antisemitismus und zum Schutz der Menschenrechte.

Pädagogische Beratung **Shulamit Imber**

Übersetzung **Noa Mkayton**

Graphische Gestaltung **Devora Lipshitz**

Illustrationen **Noam Nadav**

Herstellungsleitung **Ami Sternschuss**

Dank an **Friederike Haller, Bojidar Beremski, Esther Rachow**

Sämtliche Fotografien wurden uns freundlicherweise von Marta Goren zur Verfügung gestellt.

© Sämtliche Rechte, auch die des auszugsweisen Abdrucks oder der Reproduktion einer Abbildung, sind für alle Länder vorbehalten. Diese Publikation einschließlich aller Teile ist urheberrechtlich geschützt. Jede Verwertung ist ohne schriftliche Zustimmung des Herausgebers unzulässig. Dies gilt insbesondere für Vervielfältigungen, Übersetzungen, Mikroverfilmungen und die Einspeicherung und Verarbeitung in elektronischen Systemen.

ISBN: 978-965-525-011-4

Gedruckt in Israel, 2008

Yad Vashem, Gedenkstätte für Holocaust und Heldentum
The International School for Holocaust Studies

DIE TOCHTER, DIE WIR UNS IMMER GEWÜNSCHT HABEN

DIE GESCHICHTE VON MARTA

Naomi Morgenstern

Übersetzung: Noa Mkayton

Yad Vashem
Gedenkstätte für Holocaust und Heldentum
The International School for Holocaust Studies

Inhaltsverzeichnis

Statt mit der Vergangenheit anzufangen...	5
Es war einmal...	6
Glückliche Erinnerungen	8
Alles wird anders	11
Lunia soll gerettet werden	18
Was ist mit Duscha geschehen?	21
Mit Mutter in der Apotheke	24
Wir müssen uns trennen	30
Kryschia	32
Lydka	34
Wer wird da sein, wenn ich ankomme?	38
Wie benimmt man sich in Warschau?	41
Wie spielt man im Hof?	44
Kryschia geht zur Schule	47
Auf mich ist Verlass	52
Frau Czaplinka rettet mir das Leben	58
Der Krieg ist zu Ende	64
Rückkehr nach Warschau	67
Großvater will mich zurück haben	70
Ich will zu Frau Czaplinska	74
Marta oder Kryschia	77
Im Kinderheim	80
Unterwegs nach Eretz Israel	84
Mit allen allein	89
Michael	92
Leiser und Pesya	94
Von 1948 bis heute	97
Wort- und Namenserklärungen	102

Statt mit der Vergangenheit anzufangen...

Statt mit der Vergangenheit anzufangen, beginne ich meine Geschichte in der Gegenwart. Heute lebe ich mit meinem Mann Amos in der israelischen Stadt Rechovot. Unsere Kinder sind schon erwachsen und wir sind stolze Großeltern. Motti, unser jüngster Sohn, lebt mit seiner Familie ganz in unserer Nähe und unsere Enkeltöchter kommen uns oft nach der Schule besuchen. Unser Sohn Shai und seine Familie sind gerade in Singapur auf einem Auslandsaufenthalt, zu dem sie von der israelischen Regierung entsendet wurden. Netta, unsere älteste Tochter, lebt mit ihrer Familie in dem Jerusalemer Stadtviertel Sanhedria. Wir haben alle zusammen die Hochzeit ihrer Tochter Tamari gefeiert, unserem ersten Enkelkind. Und vor einem Jahr kam Ruth zur Welt, ein lebhaftes kleines Mädchen – unser erstes Großenkelkind.

Ich liebe meine Familie und meine Freunde sehr und ich denke, ich bin eine gute Großmutter. Es macht mir Spaß, meine Enkelkinder zu unterhalten und mit ihnen zu spielen. Und mit meiner Familie kreuz und quer durch Israel zu reisen, ist mir ein großes Vergnügen.

Was gibt es noch zu sagen? Ich lerne sehr gern und schreibe gerade eine Doktorarbeit über Tschortkov in Polen, den Ort, wo ich geboren wurde.

Mit meiner Familie

Es war einmal …

Es war einmal eine jüdische Gemeinde in der ostpolnischen Stadt Tschortkov. Tschortkov ist eine kleine Stadt, die am Fluss Seret liegt. Die Juden von Tschortkov lebten dort seit Hunderten von Jahren in Nachbarschaft mit Ukrainern und Polen. Die Juden sprachen jiddisch und polnisch, viele auch hebräisch. Einige von ihnen waren Zionisten, die auf die Erlaubnis warteten, nach Eretz Israel einzuwandern. Andere hingegen warteten auf die Ankunft des Messias und beteten, er möge bald kommen und sie nach Eretz Israel bringen. Und dann gab es wieder andere Juden, die einfach weiter in Tschortkov leben wollten.

Wir wohnten in der Rinekstraße 3. Großvater Itzhak und Großmutter Monja Sternschus wohnten in einer Wohnung im dritten Stock mit ihrer Tochter Lunia. Im Erdgeschoss lag Großvaters Laden. Die Familie

Blick auf Tschortkov

Das Haus in der Rinekstraße

Winter lebte in einer großen Wohnung im zweiten Stock: Netty, meine Mutter, war die Tochter von Großmutter und Großvater, Israel, mein Vater, ein Rechtsanwalt, und die kleine Tochter, Marta, das bin ich. An meinen Vater kann ich mich leider kaum erinnern. Sie haben ihn uns weggenommen, als ich sechs Jahre alt war. Wenn ich fragte „Wo ist Vater?", antwortete meine Mutter: „Er ist auf Reisen gegangen, jenseits der Berge." Bevor ich diese traurigen Erinnerungen mit euch teile, möchte ich euch einige meiner glücklichen Erinnerungen erzählen.

Vater · Mutter und ich

Glückliche Erinnerungen

Ich kann mich erinnern, wie ich mit meinem Vater Ausflüge in den nahe gelegenen Schwarzen Wald machte. Es gibt sogar ein Bild von mir als kleines Mädchen im Wald.

Ich kann mich auch erinnern, dass Vater mich einmal in das Gymnasium in der Stadt mitnahm. Ich war so aufgeregt, als ich die Schüler sah, und fragte: „Vater, werde ich auch auf dem Gymnasium lernen?" Und mein Vater antwortete zuversichtlich: „Selbstverständlich!" Vater war Zionist und Mitbegründer der Schule. Jeden Samstagmorgen gingen wir zur Großen Synagoge. Vater betete und ich spielte draußen mit meiner Freundin Duscha. Wenn der Gottesdienst vorbei war, kamen mein Vater und die anderen nach draußen auf den Platz vor der Synagoge. Ich rannte zu ihm; auch meine Tanten kamen hinzu und setzten feuchte Küsse auf meine Wangen. Während wir von der Synagoge nachhause zum Schabbatessen bei meinen Großeltern gingen, wischte ich mir die nassen Küsse von den Wangen.

Marta im Wald bei Tschortkov

Ich liebte es, Großvater und Großmutter zu besuchen. Großmutter war eine großartige Köchin und der Duft ihrer frischen, eigens für den Schabbat gebackenen Challot-Brote zog von ihrem Küchenfenster bis zu unserer Wohnung. Großmutter buk auch Hefeküchlein, gefüllt mit Rosinen und Zimt, deren wundervollen Geschmack ich bis heute auf der Zunge habe. Meine Tante Lunia war eigentlich eher eine große Schwester. Obwohl sie elf Jahre älter war, nahm sie mich mit, wenn sie ihre Freundinnen besuchte. An kalten Wintertagen ging sie mit mir Schlitten fahren und half mir, die schönsten Schneemänner der Welt zu bauen. Meine Mutter war sehr schön und sehr klug. Bevor sie Vater heiratete, hatte sie Pharmazie in Wien studiert. Als sie von Österreich zurückkam, arbeitete sie in der Apotheke auf der

Mutter am Eingang zur Apotheke

Hauptstraße von Tschortkov. Das war ganz in der Nähe von unserer Wohnung. Jeden Tag in der Mittagspause und gegen Abend, wenn ich das Klappern hoher Absätze im Treppenhaus hörte, wusste ich, dass Mutter von der Arbeit zurückkam.

Einmal, als ich krank im Bett lag und Mutter bei mir zuhause geblieben war, hörte ich wundervolle Melodien. Ich ging auf den Balkon und sah, wie unten im Hof vier Zigeuner in bunten Kleidern ein langsames, wehmütiges Volkslied sangen. Ich war verzaubert. Ich rief meine Mutter und sie kam. Sie legte ihre Hand auf meine Schulter und wir standen beide still da und hörten zu. Nachdem die Sänger ihr Lied beendet hatten, klatschte ich in die Hände. Mutter steckte mir ein paar Münzen zu und flüsterte: „Martusch, sie möchten Geld!" Voller Freude warf ich ihnen Münzen hinunter. Der Jüngste sammelte sie in einen Hut und dann verließen die Sänger winkend unseren Hof.

Lunia spielt im Haus meiner Eltern Klavier

Alles wird anders

Als ich vier Jahre alt war, begann der Zweite Weltkrieg. Deutschland eroberte den größten Teil Polens, Russland besetzte den Rest. Unsere Stadt, Tschortkov, wurde von Einheiten der Roten Armee der ehemaligen Sowjetunion besetzt. Ich weiß noch, dass wir, Großvater, Großmutter und Lunia, Vater, Mutter und ich unsere Wohnung an der Rinekstraße damals verließen. Ich erinnere mich, dass ich aufhörte, mit Vater in die Synagoge zu gehen, weil nach den Befehlen der neuen Regierung die Synagogen offiziell geschlossen wurden und die Juden nicht mehr öffentlich beten durften.

Meine Eltern und ich zogen in eine kleine Zweizimmer-Wohnung, in die unsere großen Möbelstücke nur mit Mühe hineinpassten. Das Gebäude stand in einem großen Hof. Dort sammelte ich Schnecken und süße rote Erdbeeren. Vergeblich versuchte ich, Vögel zu fangen – sie flogen alle davon.

So vergingen zwei Jahre. Im Frühling 1941, an einem Samstagmorgen – die Sonne schien und wärmte unser Zimmer – weckte mich Mutter mit einem Kuss. Ich schlug meine Augen auf und sah Vater und Mutter in meinem Zimmer stehen.

„Guten Morgen, Martusch," sagte Mutter und Vater fügte hinzu, „Masal tov! Weißt du, was heute ist? Heute wirst du sechs Jahre alt, und wir machen eine große Feier für dich!" „Wirklich?", fragte ich überrascht. „Ein Geburtstagsfest?" Meine Eltern lächelten und nickten mit dem Kopf. Mutter zog mir ein neues, rosafarbenes Kleid an, auf das blaue Blumen aufgestickt waren. Sie kämmte mir sanft die Haare und flocht mir Bänder in die zwei kleinen Zöpfe. Dann war ich fertig. Ich war sehr aufgeregt und lief in den Hof, um die Gäste zu begrüßen. Großvater, Großmutter und Tante Lunia kamen als erste, danach trafen Freunde meiner Eltern ein, einige Paare mit ihren Kindern. Meine beste Freundin Duscha kam auch.

Frühlingshafter Blütenduft erfüllte den Hof, die Haustür ging auf und meine Mutter, so schön wie noch nie, erschien mit einem riesigen Kuchen auf einem breiten Tablett. Alle klatschten. Mutter, Vater und ich gingen zum Tisch, Mutter setzte das Tablett auf der

In dieses Gebäude zogen wir, nachdem die Rote Armee Tschortkov besetzt hatte

Tischdecke ab und gab mir das Messer in die Hand. Sie führte meine Hand, und gemeinsam schnitten wir den Kuchen in Stücke und verteilten sie an unsere Gäste. Nachdem alle den köstlichen Kuchen gelobt, mir alles Gute für mein Leben und meinen Eltern viel Erfolg für die Zukunft und Freude an den Kindern gewünscht hatten, wendeten sich die Erwachsenen ihren Gesprächen zu und wir Kinder spielten Verstecken. Als Duscha mit Zählen dran war, versteckte ich mich hinter dem Nachbarhaus. Duscha begann, die Kinder in ihren Verstecken zu suchen, und ich rannte geschwind zum Pfosten, um „eins, zwei, drei!" zu rufen, bevor sie zurückkam. In meiner Begeisterung vergaß ich den Brunnen, der zwischen den beiden Häusern stand, stieß dagegen und fiel hin. Es tat schrecklich weh. Tränen schossen mir in die Augen, aber ich weinte nicht. Ich stand auf und sah, dass meine Knie aufgeschürft waren. Mein neues Kleid war voller Schmutzflecken, eines meiner Haarbänder hatte sich gelöst, und der Zopf war aufgegangen.

Die Geburtstagsfeier ist meine letzte glückliche Erinnerung. Einen

Monat später griff die deutsche Armee an und besetzte die Stadt. Plötzlich begann die Verwüstung, und überall war nur noch Angst. Angst, das Haus zu verlassen. Angst, dass ein deutscher Soldat in deiner Nähe vorbeigehen würde. Angst, dass etwas Schlimmes passieren würde. Deutsche Soldaten, begleitet von ortsansässigen Ukrainern, verhafteten Juden, schlugen sie, plünderten ihren Besitz oder – je nach Laune – töteten sie.
Eines Tages musste mein Vater sich bei den Deutschen melden. Zwei Stunden später kam er völlig aufgelöst zurück. „Sie wollen, dass ich etwas für sie tue, was ich nicht tun kann," sagte er zu Mutter und Großvater. „Und was wirst du tun?"
„Davonlaufen kann ich nicht, also werde ich morgen hingehen und Nein sagen!"
Am nächsten Tag verließ Vater das Haus. Er kam nie wieder zurück. Auf die Frage, wo Vater sei, antwortete meine Mutter, er sei auf Reisen gegangen, jenseits der Berge.
Während der Stunden, in denen Mutter in der Apotheke arbeitete,

blieb ich bei Großvater und Großmutter. Abends ging ich mit Mutter nachhause. Die Deutschen zogen Großvater und Tante Lunia zur Zwangsarbeit heran, das heißt, dass sie arbeiteten, aber für ihre Arbeit nicht bezahlt wurden. Großvater musste Alteisen von zerstörten Gebäuden aufsammeln, Lunia fegte die Straßen der Stadt.

Und dann kam der Erlass, durch den alle Juden der Stadt angewiesen wurden, ihre Wohnungen zu verlassen und in ein Ghetto zu ziehen. Das Ghetto war ein kleines Gebiet am Stadtrand, dessen Bewohner evakuiert worden waren. Alle Juden der Stadt wurden gezwungen, hier zu leben. Das Ghetto war von Stacheldraht umzäunt, und die Wachposten am Ghettotor erlaubten nur jenen Juden, die eine Genehmigung hatten, das Ghetto zu verlassen. Das Ghetto bot bei weitem nicht allen Einwohnern ausreichend Platz und so mussten sich jeweils mehrere Familien in einer Wohnung zusammendrängen. Mutter packte ein paar Kleider und Geschirr zusammen und wir bezogen gemeinsam mit Großvater, Großmutter und Lunia ein Zimmer in einer Wohnung im Ghetto. Ich hörte, wie Mutter und

Unsere Wohnung im Ghetto

Großmutter über einen Juden redeten, den die Deutschen gefasst hatten, und über eine Familie, die abgeholt worden war, aber ich verstand nicht, wohin sie gebracht worden waren.

Mutter hatte eine Genehmigung, mit der sie das Ghetto verlassen konnte. Der Besitzer der Apotheke hatte den deutschen Offizier überzeugt, dass Mutter unentbehrlich war. So erhielt sie eine Sondererlaubnis, das Ghetto jeden Morgen zu verlassen, den ganzen Tag über in der Apotheke zu arbeiten und abends ins Ghetto zurückzukehren. Jeden Morgen, wenn Großvater und Lunia zur Arbeit gegangen waren, zog Mutter sich an, schminkte sich und schlüpfte in die Schuhe mit den hohen Absätzen, gab mir einen Kuss und sagte: „Martusch, ich gehe zur Arbeit. Du musst hier bis zum Abend bei Großmutter bleiben. Ich weiß, dass dir langweilig ist, aber du darfst nicht rausgehen. Und bitte mach es der Großmutter nicht noch schwerer."

Draußen war es gefährlich, aber im Zimmer war es schrecklich langweilig und eng. Ich hatte keinerlei Spielzeug. Lunia und

Großvater waren tagsüber nicht zuhause. Großmutter kümmerte sich um die Wäsche, machte Ordnung und versuchte, aus den dürftigen Vorräten ein gutes Essen zuzubereiten. Und dann musste sie sich auch noch mein Gequengel anhören: „Mir ist so langweilig, mir ist so langweilig." Wenn ich nach draußen ins Treppenhaus ging und die Treppen auf und ab rannte, weil ich mit einer imaginären Freundin Fangen spielte, unterbrach mich Großmutter und rief: „Komm rein! Auch im Treppenhaus ist es gefährlich!"

Lunia soll gerettet werden

Im frühen Winter, nachdem der erste Schnee gefallen war, hörte Mutter, dass die Deutschen gesunde einheimische Mädchen suchten, um sie in ein Arbeitslager nach Deutschland zu schicken. Mutter dachte, das wäre eine Gelegenheit, um Lunia zu retten. Sie wandte sich an eine polnische Freundin, die im Büro der Gestapo arbeitete, und bat sie um das richtige Formular. Die Freundin kam mit dem Formular in die Apotheke und sagte: „Ich habe dir ein leeres Formular gebracht, das du ausfüllen musst. Du brauchst aber noch die Unterschrift des Offiziers." Mutter nahm das Formular, warf einen Blick darauf und fragte: „Ist dies der Stempel des Polizeiamtes?" „Ja, aber du brauchst noch die Unterschrift." „Das kriegen wir schon hin," meinte Mutter, bedankte sich und begleitete ihre Freundin zur Tür.

Am Abend, als Mutter von der Arbeit nachhause kam, rief sie Großvater ins Treppenhaus. Nach einigen Minuten kamen sie herein, und wir setzten uns alle, um unsere Scheibe Brot und die Suppe zu essen, die Großmutter gekocht hatte. Nachdem wir aufgegessen hatten, räumte Lunia den Tisch ab. Großmutter erhob sich vom Tisch, aber Großvater legte seine Hand auf ihre und kündigte an: „Netty möchte etwas Wichtiges sagen." Großmutter und Lunia setzten sich und Mutter erzählte ihnen von der Möglichkeit, Lunia in ein Arbeitslager nach Deutschland zu schicken. Sie würde vorgeben, ein einheimisches Mädchen zu sein; niemand dort würde ahnen, dass sie Jüdin ist und so wäre sie gerettet.

„Aber du hast selbst zugegeben, dass es unmöglich ist, eine Unterschrift auf das Formular zu bekommen," sagte Großmutter in erregtem Ton, „warum schlägst du das dann vor?" „Ich denke, es ist den Versuch wert. Das ist eine einmalige Gelegenheit," versuchte Mama ihre eigene Mutter zu überzeugen. „Und wenn sie bemerken, dass die Unterschrift fehlt? Weißt du, welche Strafe sie erwartet, wenn sie entdecken, dass sie eine Jüdin ist, die versucht, als Christin durchzugehen?!" Großmutter fragte Großvater in der Hoffnung, er würde etwas sagen. „Monja, meine Liebe," sagte Großvater sanft, um sie zu beruhigen. „Sie werden so viele Formulare bekommen. Glaubst du, dass irgendwem eine fehlende Unterschrift auffallen wird?"

„Und wenn doch?", beharrte Großmutter mit lauter Stimme, immer noch auf Bestätigung wartend. Dann war es vollkommen still. Großvater wandte sich an seine jüngste Tochter: „Lunia, willst du gehen?" „Ja," antwortete Lunia leise und Großmutter senkte den Kopf und vergrub ihr Gesicht in ihren Händen.

Großvater stand auf und legte seine Hand auf Großmutters zitternde Schultern. Mutter zog das Formular aus ihrer Tasche und füllte mit Lunias Hilfe die Details aus – Lunia war eine Christin, eine Einwohnerin Tschortkovs und gesund. Nachdem alle Angaben vollständig waren, kritzelte Mutter eine Unterschrift neben den Stempel und sagte: „Jetzt haben wir auch die Unterschrift. Alles in Ordnung!"

Am nächsten Tag verabschiedeten wir uns frühmorgens von Lunia, die mit Mutter in die Stadt ging. Großmutter weinte und auch Großvater wischte sich eine Träne ab. Ich winkte zum Abschied.

Großmutter Monja

Was ist mit Duscha geschehen?

Ich wurde sehr traurig und langweilte mich noch viel mehr, nachdem Lunia gegangen war. Großmutter wurde beinahe verrückt vor Sorgen. Einmal, als Großmutter nicht Acht gab, beschloss ich, auf die Straße zu gehen und meine Freundin Duscha zu suchen. Leise schloss ich die Tür hinter mir zu, schlich auf Zehenspitzen die Treppen hinunter und ging nach draußen. Als ich müde wurde, blieb ich neben einem Trinkwasserbrunnen stehen. Plötzlich hörte ich die schweren Tritte von Stiefeln und das Knurren eines Hundes.

Ein deutscher Soldat und ein gigantischer schwarzer Hund kamen auf mich zu und ich stand da wie festgefroren. Ich hörte Mutters Stimme, wie sie mich anwies: „Wenn du einen deutschen Soldaten siehst, lauf weg und versteck dich in einem Treppenhaus!" Ich war so gelähmt vor Schreck, dass ich mich nicht bewegen konnte. Der Soldat und der Hund gingen an mir vorüber und als sie in weiter Ferne waren, rannte ich nachhause. Großmutter empfing mich wütend und in heller Aufregung. Nicht nur, dass ich das Haus verlassen hatte – ich war auch noch auf einen deutschen Soldaten mit Hund getroffen.

Das war genau das, was sie so befürchtet hatte. Abends, als Mutter nachhause kam und Großmutter ihr erzählt hatte, was passiert war, war auch sie böse auf mich. „Wohin wolltest du?" „Ich bin Duscha suchen gegangen," antwortete ich unschuldig. „Ich wollte mit ihr spielen." „Verstehst du nicht, dass sie fort ist? Verstehst du nicht, dass sie nicht mehr da ist?"

Ich stand stumm da und fragte mich: „Wie kann es sein, dass Duscha, meine beste Freundin, fortgegangen ist, ohne sich von mir zu verabschieden?"

Zwei Tage später, als Mutter mich am Abend in der kleinen Metallwanne mitten im Zimmer badete und mein Haar mit Shampoo einseifte, fragte ich: „Mutter, wohin ist Duscha gegangen?" „Kopf nach hinten!", sagte Mutter, nahm den Kessel vom Tisch und spülte mir die Seife aus dem Haar. Ich hatte meine Augen fest geschlossen, das Wasser lief mir über den Kopf und das Gesicht, da sagte meine Mutter langsam und ruhig: „Die Deutschen haben sie abgeholt. Sie sind tot."

Von da an wagte ich es nicht, das Haus zu verlassen. Ich freundete mich mit dem Fotografen von nebenan an. Er war groß, dünn und balancierte seine Kamera auf einem Stativ. Wenn er ein Foto machte, bedeckte er seinen Kopf mit einem Stück schwarzen Stoff, das mit der Kamera verbunden war, und gab mit seiner Hand das Signal „Lächeln". Es machte mir Spaß, mich vor der Kamera zu bewegen. Ich lächelte, tanzte und machte Knickse. Mal war ich eine Prinzessin, mal ein Frosch, ein anderes Mal eine böse Hexe und dann ein perfekter Prinz und der nette Fotograf machte alles mit. Plötzlich verschwand auch er.

Mit Mutter in der Apotheke

Auf diese Weise verging ein knappes Jahr. Eines Tages weckte mich Mutter früh am Morgen auf und sagte: „Martusch, heute kommst du mit mir in die Apotheke." Ich war überglücklich, dass ich den ganzen Tag mit Mutter verbringen sollte.

Es war seltsam, nach so langer Zeit das Ghetto zu verlassen. Ich fürchtete mich vor dem bewaffneten Wachposten, der am Ghettotor stand, aber als wir auf seiner Höhe angekommen waren, verlangsamte meine Mutter nicht einmal ihren Schritt. Sie ging einfach weiter und sagte ganz selbstverständlich: „Zur Apotheke." Als wir dann außerhalb des Ghettos waren, wurde ich ruhiger. Ich beobachtete die Leute, die in den Straßen der Stadt umhergingen. Sie sahen nicht ängstlich aus wie die Menschen im Ghetto. Ein Motorrad und ein Streifenwagen mit bewaffneten deutschen Soldaten fuhren vorüber. Ich war sofort in Alarmbereitschaft, aber Mutter hielt mich fest an der Hand und beruhigte mich wieder. „Geh aufrecht und schau den Leuten in die Augen", wies sie mich an. „Sie sollen glauben, dass du eine Einheimische bist. Denk daran, du hast ein 'gutes' Aussehen."

Die Apotheke, in der Mutter arbeitete

Damit meinte sie, dass mein Haar glatt und nicht gekräuselt war. Die meisten jüdischen Mädchen hatten gewelltes oder gekräuseltes Haar, und wehe dem Mädchen, das in den Verdacht geriet, jüdisch zu sein und außerhalb des Ghettos erwischt wurde. „Mutter," sagte ich, „du gehst zu schnell und deine Absätze machen zu viel Lärm..." „Ach was," tat Mutter meine Bemerkung ab. „Auf diese Weise verdächtigt mich niemand. Nur die Juden gehen vorsichtig und langsam, weil nur die Juden Angst haben."
Endlich kamen wir in die Straße, wo sich die Apotheke befand. Wir stiegen die Treppen hoch und fanden die Tür verschlossen. Ich erschrak. Ich dachte, Mutter würde nicht in die Apotheke gelassen. „Sei ganz ruhig!", bat Mutter und schloss die Türe mit einem Schlüssel auf, den sie aus ihrer Tasche hervorzog. Gleich musste ich von dem starken Geruch der Medikamente laut niesen. Wieder erschrak ich und trat rasch in die Apotheke. Die Tür fiel hinter uns ins Schloss. „Wir haben nur noch ein paar Minuten, bis die ersten Kunden kommen," erklärte Mutter. „Komm und schau dir an, wo du

Der Keller der Apotheke

bleiben wirst." „Werde ich nicht bei dir sein?" fragte ich überrascht und enttäuscht. „Nein! Niemand darf dich sehen. Komm mit," sagte sie und stieg rasch die Wendeltreppe hinunter. Die Treppe führte in einen großen Kellerraum, in dem Schränke voller Medikamente standen. Ich folgte Mutter zu einer Ecke, die als Lagerraum diente. Dort war ein Bett aufgebaut. Mutter sagte: „Niemand weiß, dass du hier bist. Du darfst nicht die Treppe hochgehen und die Tür öffnen. Wenn ich fertig bin mit der Arbeit, komme ich dich abholen. Wenn du das Geräusch von Stiefeln auf der Treppe hörst, schlüpf in den Schrank und schließe gut die Tür."

Mutter ging nach oben. Ich hörte, wie sie die Türe der Apotheke aufschloss und die ersten Kunden empfing. Ich war unruhig. Ich fand einen kleinen Platz zwischen zwei Schränken, setzte mich hin und schaute nach draußen. Auf der gegenüberliegenden Wand, über dem Medizinschrank, war ein Fenster auf der Höhe des Gehsteigs draußen. Ich betrachtete die Beine der Passanten, die am Fenster vorübergingen, und versuchte, mir ihre Besitzer vorzustellen. Als ich

genug von diesem Spiel hatte, war mir wieder langweilig. Ich sehnte mich nach Großmutter. Ich aß die Portion Kartoffeln auf, die Mutter mir dagelassen hatte und wartete auf die Dämmerung.
Abends schloss Mutter die Türe der Apotheke ab und stieg die Treppen herab. Wie froh war ich, sie zu sehen! Wir legten uns auf das Bett in der Ecke und Mutter erzählte mir eine Geschichte und sang mir ein lustiges Lied vor. Als ich sie um eine weitere Geschichte bat, sagte Mutter mit feierlicher Stimme: „Es ist mir eine Ehre, zu dieser besonderen Stunde und an diesem besonderen Ort Martas Schule zu eröffnen. Trompeten bitte!" Mutter gab das Signal und wir fingen beide an, in unsere Phantasie-Trompeten zu blasen. „Ja, meine liebe Martusch," sagte Mutter mit bitterem Lächeln, „weil die Situation so schwierig und das Leben der Juden in der Stadt in großer Gefahr ist, bleibst du hier bei mir." „Gehe ich nicht ins Ghetto zurück?"
„Nein." „Wie lange bleiben wir hier?" „So lang wie möglich. Aber lass uns jetzt über wichtigere Dinge reden, zum Beispiel über die Schule. Wenn kein Krieg wäre und die Deutschen nicht Polen besetzt

hätten, dann wärst du heute in der zweiten Klasse. Momentan ist es Juden nicht erlaubt, zur Schule zu gehen. Es ist mir sehr wichtig, dich auf das Leben nach dem Krieg vorzubereiten und deshalb verkünde ich in diesem Augenblick die feierliche Eröffnung des Schuljahres in Martas Schule." „Wie soll ich ohne Bücher und Hefte lernen?" „An das habe ich auch schon gedacht," antwortete Mutter. Sie öffnete eine der Schranktüren und erklärte: „Hier haben wir Schreibhefte, Rechenhefte, Stifte und Kreiden. Nimm einen Stift und ein Heft – komm, wir fangen an..."

Jeden Abend lernte ich lesen, schreiben und Rechenaufgaben lösen. Ich lernte das Einmaleins auswendig und malte alle Arten von Uhren auf alten Karton. Ich lernte, Uhren mit und Uhren ohne Zahlen zu lesen, und solche mit römischen Ziffern. Ich malte Seen und Meere, Berge und Wolken und vor allem Blumen, die Mutter so gut kannte. Abends lernte ich mit Mutter und während des Tages machte ich Hausaufgaben. Als ich schon etwas vorangekommen war, brachte mir Mutter ein Buch zum Lesen. Es fiel mir schwer, immer im Keller zu sitzen und nur die Beine der Leute auf dem Gehweg sehen zu können. Aber ich war eine fleißige und gute Schülerin und hatte eine fabelhafte Lehrerin und Freundin – Mutter.

Wir müssen uns trennen

Eines Nachts, nachdem wir mit Lernen fertig waren und uns Schlafen gelegt hatten, streichelte Mutter mein Haar und flüsterte: „Martusch, wir müssen uns trennen."

„Was?" Ich sprang auf, als ob mich eine Schlange gebissen hätte und stand auf der Matratze. Mutter richtete sich auf und nahm sanft meine Hände. Ich setzte mich zu ihr. „Die Lage wird von Tag zu Tag schlimmer," sagte Mutter, während sie meine Hand streichelte. „Es sind schon kaum mehr Juden übrig geblieben im Ghetto. Die Deutschen haben Tschortkov für 'judenrein' erklärt und jeder Jude, den sie erwischen, wird zum Tode verurteilt. Bald werden sie mir verbieten, in der Apotheke zu arbeiten." „Wir können uns zusammen im Keller verstecken." „Das ist gefährlich. Jemand muss uns Essen und Wasser bringen und ich habe Angst, dass sie uns verraten. Martusch, ich habe nicht vor, dich jemals zu verlassen; du wirst als Erste reisen und ich komme nach." „Wohin?" „Nach Warschau." „Warschau ist sehr weit weg, das liegt auf der anderen Seite von Polen," brachte ich mein neues Wissen ein.

„Bravo! Du hast gut gelernt," sagte Mutter aufmunternd. „Warschau ist wirklich weit weg und du wirst mit dem Zug dorthin fahren." „Allein?", fragte ich voller Panik.
„Nein. Du wirst mit Lydka fahren. Hör mir zu. Ich habe gute Freunde in Warschau, eine Familie namens Schultz. Sie haben einen großen Bauernhof in Tschortkov und bevor Vater auf Reisen gegangen ist, hat er für sie die Buchhaltung erledigt. Anna und Joseph Schultz haben mir geschrieben, wir könnten zu ihnen nach Warschau kommen. Weil das gefährlich ist, wirst du vorausfahren und ich komme nach." Mutter fuhr fort: „Heute in einer Woche wird Lydka, die Tochter von Anna und Joseph Schultz, nach Tschortkov kommen und dich abholen. In Warschau wirst du den blauen Himmel sehen und Vögel, du wirst mit anderen Kindern spielen und in die Schule gehen." „Eine Mutter, die ihre Tochter liebt, schickt sie nicht mit einer Fremden fort!", sagte ich böse. Mutter lehnte sich zurück auf das Bett, blickte mich müde an und sagte: „Wenn es keine andere Wahl gibt, dann tut man auch das..."

Kryschia

Während der nächsten sechs Tage übte ich meine neue Identität ein: Mein Name ist Krystyna Gryniewicz – aber alle nennen mich Kryschia. Ich wurde auf dem Lande geboren, bin katholisch, gehe jeden Sonntag zur Kirche und weiß, wie man betet.

Anna Schultz, die Schwester meines Vaters, lebt mit ihrer Familie in Warschau. Meine Mutter ist krank und kann sich nicht um mich kümmern. Weil ich eine begabte Schülerin bin und die Dorfschule seit Kriegsausbruch geschlossen ist, haben meine Tante Anna und Onkel Joseph sich einverstanden erklärt, dass ich bei ihnen in Warschau leben und die gute Schule, die es in der Stadt gibt, besuchen kann.

Jeden Abend wiederholte Mutter die folgenden Anweisungen: Sei freundlich und lächele, dann werden sie dich lieb haben. Tu, was man dir sagt und hilf soviel wie möglich. Wenn ich aufgehalten werde und du mich vermisst, weine still in dein Kissen, so dass die anderen dich nicht hören. Iss nie mit Messer und Gabel – Mädchen vom Dorf benutzen nur Löffel. Sei fleißig in der Schule und mach deine

Hausaufgaben, so dass alle stolz auf dich sind. Schreib du mir nicht – ich werde dir schreiben. Und das Wichtigste von allem: Versuche immer, ein Lachen in deinen Augen zu haben. Kinder mögen keine anderen Kinder, die traurig ausschauen.

Ich fragte Mutter, ob die Leute, die ich in Warschau treffen würde, nett seien und sie antwortete zuversichtlich: „Sie sind sehr nett – und außerdem wollen sie dein Leben retten."

Lydka

Am siebten Tag, früh am Morgen, zog mir Mutter mein rosafarbenes, mit blauen Blumen besticktes Kleid an, das mir schon zu klein geworden war. Sie kämmte mein Haar, machte mir mit großen, roten Bändern zwei Pferdeschwänze und flocht sie dann zu Zöpfen. Bevor wir das Haus verließen, band mir Mutter ein Bändchen mit einem großen Kreuz um den Hals. Wir stiegen die Treppen hinauf und gingen zum Bahnhof.

Meine Augen brannten und tränten, ich konnte kaum etwas sehen. Mutter schimpfte mit mir und befahl mir, nicht den Kopf zu senken, das würde den Leuten verdächtig erscheinen. Aber ich hielt meinen Kopf nicht aus Angst gesenkt und meine Augen tränten nicht, weil ich weinte – ich war das Licht nicht mehr gewöhnt. Nach Monaten im Keller fiel es mir schwer, mich an die Sonnenstrahlen zu gewöhnen. Ich spürte, dass Mutter sehr nervös war und wollte sie irgendwie aufheitern, aber ich hatte schrecklich Angst. Wohin ging es nun? Wer waren diese Leute? Konnte man sich auf sie verlassen? Kannte Mutter sie? Plötzlich fuhr ein Zug ein, hielt an, und viele Leute stiegen aus. „Da ist Lydka", sagte meine Mutter und zeigte auf ein hübsches Mädchen auf dem Bahnsteig, das mich anlächelte. Ich wurde ruhiger. Lydka kam lächelnd auf uns zu, küsste Mutter, streichelte mein Haar und nahm mir sofort das Bändchen mit dem Kreuz ab. „Christen tragen nie ein Kreuz am Bändchen, nur an einem Kettchen", erklärte sie und gab Mutter das Kreuz. Mutter stopfte es hastig in die Tasche und Lydka fügte rasch hinzu: „Wenn du bei uns bist, werden wir bestimmt das richtige Kettchen für dich finden." Wir gingen Getränke kaufen und Lydka fragte: „Wie heißt du?" Ich wusste nicht, was ich antworten sollte. Musste ich mich schon verstellen? Ich blickte Mutter an, und sie nickte mir zu. Ich antwortete: „Ich heiße Krystyna Gryniewicz, aber alle nennen mich Kryschia." „Schön, dich kennen zu lernen!" antwortete Lydka und fuhr fort mit unserem Theaterspiel. „Ich bin Lydka, deine Kusine, und in ein paar Minuten werden wir zusammen nach Warschau reisen." Lydka wurde ernst. „Wenn alles nach Plan geht, werden wir in drei Tagen in Warschau sein. Es ist eine anstrengende Fahrt mit vielen Haltestellen unterwegs. Im Zug

Lydka

werden freundliche und sehr unfreundliche Leute sein. Es gibt auch Betrunkene, viel Zank und Streitereien. Abgesehen von all dem suchen deutsche Soldaten den Zug nach Juden ab, die sich im Zug verkrochen haben. Keine Sorge, ich pass auf dich auf. Du musst nur tun, was ich sage." „Marta..., ähem, Entschuldigung, Kryschia ist ein sehr braves Mädchen, und sehr diszipliniert," sagte meine Mutter und zog eine kleine Flasche und ein kleines Schildchen aus ihrer Tasche. „Du kannst ihr diese Medizin geben und sie wird die meiste Zeit über schlafen. Häng dieses Schild an den Türgriff des Abteils." Lydka nahm die Flasche und las laut die Aufschrift auf dem Schild: „ACHTUNG! KRANKES KIND – ANSTECKEND!"

Ein Pfiff ertönte und Lydka und ich trennten uns von Mutter. Die Tränen wollten mir aus den Augen strömen, aber ich hielt sie mit größter Mühe zurück. Als Mutter mich umarmte und flüsterte: „Ich komme nach," spürte ich, wie ihre Hände zitterten.

Wir setzten uns auf die Bank in einem der Abteile, die Lokomotive pfiff und der Zug setzte sich in Bewegung. Mutter stand in ihrem weißen Kleid mit hellblauen Blumen am Bahnsteig und winkte mir zu. Sie hatte Tränen in den Augen und ein breites Lächeln auf den Lippen, aber ich wusste, dass ihr Lächeln nicht echt war...

Wir waren drei Tage und drei Nächte unterwegs. Es war eine beschwerliche Reise. Ich durfte nicht von meinem Platz aufstehen, außer wenn ich zur Toilette musste. Ich fürchtete mich vor jedem, der vorbei ging und mich anschaute. Ich sehnte mich nach Mutter und weinte. Lydka hielt mich mit der Medizin ruhig und ich schlief. Wenn ich wach war, dachte ich ständig, wie wundervoll Lydka war – sie war den ganzen Weg von Warschau zu uns gekommen, um mich abzuholen.

Der Bahnhof in Tschortkov

Wer wird da sein, wenn ich ankomme?

Ein paar Stunden bevor wir in Warschau ankommen sollten, erklärte mir Lydka, dass uns ihre Mutter, ihr Vater, zwei ältere Brüder und das Kindermädchen der Familie, Frau Czaplinska, am Bahnhof erwarten würden. „Ein Kindermädchen?", fragte ich voller Verwunderung. „Gerade eben hast du mir gesagt, du seist die Jüngste in der Familie. Wozu braucht ihr ein Kindermädchen?" „Frau Czaplinska lebt seit vielen Jahren bei uns," antwortete Lydka. „Sie hat Mutter geholfen, uns groß zu ziehen und gehört zur Familie. Übrigens, weißt du, durch wen wir Frau Czaplinska kennen gelernt haben?" „Nein." „Durch deinen Vater. Frau Czaplinska hat in Tschortkov gewohnt. Sie hatte ein sehr schweres Leben und bat deinen Vater um Hilfe. Das war kurz bevor ich zur Welt kam. Mein Vater war damals in Tschortkov. Bei ihrem nächsten Treffen fragte ihn dein Vater, ob seine Familie ein Kindermädchen brauchen könnte. Mein Vater brachte Frau Czaplinska nach Warschau und seitdem ist sie bei uns." Lydka fuhr fort: „Ich wiederhole nochmal, was ich dir eben erklärt habe: Wenn wir vom Zug aussteigen, werden wir von Vater, Mutter, Sigmund,

Kasik und Frau Czaplinska erwartet. Du wirst auf sie zulaufen und sie umarmen, so dass jeder, der vorübergeht, denkt, du wärst gerade von einer Reise zurück gekommen und hättest sie sehr vermisst. Niemand darf den Verdacht schöpfen, dass Krystyna Gryniewicz ein jüdisches Mädchen ist, das vorgibt, Christin zu sein."

Ich konnte mir nur schwer vorstellen, dass ich vom Zug springen, auf Leute, die ich noch nie gesehen hatte, zulaufen und sie umarmen und küssen würde. Was, wenn sie nicht nett wären? Wenn sie mich nicht mochten, würden sie mich vielleicht allein dort stehen lassen…

„Wir sind fast angekommen," sagte Lydka. Sie strich mein Kleid glatt, zupfte die Bänder in meinem Haar zurecht und gab mir die Hand. Wir standen vor der Zugtüre.

„Hab keine Angst," sagte Lydka, als sie spürte, dass meine Hand zitterte. „Bald sind wir zuhause." Ihre Augen suchten den Bahnsteig nach ihrer Familie ab.

„Ah, da sind sie!", rief sie und zeigte auf sie. Am Bahnsteig standen ein großer Mann, eine sehr hübsche Frau und zwei großgewachsene Jungen. Die Frau, die bei ihnen stand, sah merkwürdig aus. Der Zug hielt an, die Türen öffneten sich… „Lauf!", flüsterte mir Lydka in die Ohren. Ich sprang die Treppen unseres Abteils hinunter und geradewegs in die Arme der älteren Frau. Sie umarmte mich herzlich, hielt meine Arme hoch und rief: „Kryschia, wie bist du groß geworden!" Der Mann drückte meine Hand und sagte mit breitem Lächeln: „Willkommen!" Einer der Jungen hob mich hoch, wirbelte mich einmal im Kreis herum und ließ mich herunter. Mir war ein wenig schwindlig und ich stolperte. Als sein Bruder mich auch hochheben wollte, sagte die merkwürdige Frau mit kräftiger, rauer Stimme: „Genug! Das Kind ist müde." Sie nahm meine Hand, trat einen Schritt zurück, musterte mich von Kopf bis Fuß und befand: „In Warschau binden Mädchen mit Zöpfen die Bändchen unten fest und nicht oben!" Sie löste die roten Bänder, die Mutter mir gebunden hatte, und band sie am Ende der Zöpfe fest. Sie blickte mich noch mal an und meinte: „So sieht's richtig aus", gab mir die Hand und wir gingen alle zusammen nachhause.

Wie benimmt man sich in Warschau?

Lydka nahm mich mit auf einen Spaziergang, damit ich die Stadt kennen lernen würde. Alles war neu und wunderbar. Breite Straßen und hohe Gebäude, Kutschen und elektrische Straßenbahnen, und viele Leute auf den Boulevards. Straßenhändler verkauften alles Mögliche, denn seitdem die Deutschen die Stadt besetzt hatten, fehlte es überall an Grundnahrungsmitteln. Mir war sofort klar, dass es in Warschau keine Juden mehr gab, und dass daher die Gefahr, als Jude entdeckt zu werden, groß war. Bereits zu Beginn des Krieges, kurz nach der Besetzung, hatten die Deutschen die Juden aus Warschau und der näheren Umgebung in ein Ghetto gesperrt. Anders als im Ghetto Tschortkov, in dem einige Tausend Juden eingeschlossen waren, drängten die Deutschen beinahe eine halbe Million Juden in das Warschauer Ghetto. Dort litten sie unter Hunger und Krankheiten. Aus dem Ghetto wurden sie mit Zügen weggebracht und sie kehrten nie wieder zurück. Drei Monate bevor ich in Warschau angekommen war, hatte eine Gruppe junger Juden im Ghetto einen Aufstand gegen die Deutschen organisiert. Die jüdischen Ghettokämpfer hatten nur wenige Waffen und waren nicht in der Lage, die deutschen Truppen zu schlagen. Aber dennoch kämpften sie tapfer drei Wochen lang, bis sie schließlich der deutschen Übermacht erlagen. In ihrer Wut ermordeten die Deutschen fast alle der am Leben gebliebenen Juden und zerstörten alle Häuser des Ghettos.

Das war's. Ich löschte Marta aus und wurde durch und durch Kryschia. Sonntags ging ich mit der ganzen Familie in die Kirche. Ich war tief beeindruckt von der Stille und dem Reichtum an Gemälden und Skulpturen. Ich beobachtete, wie jeder, der sich dem Altar näherte, sich niederbeugte, hinkniete und bekreuzigte. Ich, Krystyna Gryniewicz, beschloss, allen zu zeigen, was für eine fromme Katholikin ich war. Ich kniete am Eingang der Kirche nieder und rutschte auf meinen Knien den ganzen Weg nach vorne zum Altar. Als wir nachhause kamen, strich mir Frau Czaplinska Salbe auf meine wunden Knie und hängte mir ein Kettchen mit einem Anhänger der Muttergottes mit dem Jesuskind um den Hals.

Ich bemühte mich, alles zu befolgen, was Mutter mir gesagt hatte: Ich benahm mich gut, ich lächelte jeden an und ich wartete geduldig auf Briefe von meiner Mutter. Nachts weinte ich nicht. Ich legte meinen Kopf auf das Kissen und betete, dass der morgige Tag mindestens ebenso gut sein würde wie der vergangene.

Der Anhänger, den mir Frau Czaplinska geschenkt hatte

Wie spielt man im Hof?

Ich ging in den Hof hinunter und schaute zu, wie die Kinder spielten. Ich sah zwölfjährige Zwillinge, die die Gruppe anführten. Ich ging hinüber zu ihnen und stellte mich vor. Sie verkündeten sofort, dass die Nichte der Familie Schultz vom Lande gekommen war und von nun an mitspielen würde. Ich kannte kein einziges der Spiele, die sie spielten. Ich konnte nicht Seilspringen, ich konnte nicht Ballspielen und auch nicht Kartenspielen. Ich hatte keine Ahnung, wie man ein Treppengeländer hinunter rutscht. Um nicht ihren Verdacht zu erregen, sagte ich ihnen, ich müsse nachhause und würde morgen wieder kommen. „Warum bist du so früh nachhause gekommen?", fragte Lydka. „Ich kenne kein einziges ihrer Spiele und ich habe Angst, dass sie sich über mich lustig machen und dass ich dann keine Freunde haben werde."

„Warte einen Augenblick," sagte Lydka und ging aus dem Zimmer. Ich hörte sie mit ihren Brüdern sprechen, die zufällig gerade zuhause waren. Abends, als alle Kinder schon nachhause gegangen waren und der Hof leer war, sagte Kasik: „Kryschia, lass uns runter gehen."

Die beiden Brüder gingen mit mir in den Hof und nahmen mich mit zu den Treppen, die in den Kohlenkeller im Untergeschoss des Hauses führten. Dort gab es ein langes und gerades Treppengeländer. Kasik setzte sich darauf, hob die Beine und rutschte geschwind hinunter. „Die erste Bedingung für die Aufnahme in der Gruppe ist, ein Treppengeländer hinunter rutschen zu können, ohne Angst zu haben. Vorwärts!", rief sein Bruder Sigmund. Ich wagte nicht zu zeigen wie ängstlich ich war. Ich setzte mich auf das Geländer, fiel aber immer wieder herunter. Die beiden Brüder ließen mich nicht aufgeben, bis ich es endlich schaffte. „Ausgezeichnet. Jetzt üben wir Ballspielen," sagte Kasik. „Lasst das Kind in Ruhe. Seht ihr nicht, dass es müde ist?", rief Frau Czaplinska vom Fenster aus. Wir gingen schnurstracks nachhause.

Am nächsten Tag ging ich frühmorgens in den Keller und übte, auf dem Geländer zu rutschen, wieder und wieder. Langsam kamen andere Kinder dazu und bald hatten sich zwei Gruppen gebildet, die gegeneinander im Wettbewerb standen. Ich war in der Gruppe

Frau Czaplinska, eine Freundin und ich (in der Mitte) vor dem Haus der Familie Schultz

mit den Zwillingen. Als ich an die Reihe kam, rutschte ich flink und problemlos nach unten. Dadurch gewann meine Gruppe zehn Punkte und ich gewann noch viel mehr: Selbstvertrauen. Von da an gingen die beiden Brüder jeden Abend mit mir in den Keller und zeigten mir verschiedene Ball- und Kartenspiele. Ich lernte Seilspringen und nach einigen Tagen gehörte ich zur Gruppe.

Frau Czaplinska saß am Fenster oder neben der Treppe, die zur Haustüre führte, und passte unablässig auf mich auf. Einmal, als eines der Kinder etwas Garstiges zu mir gesagt und sich über meinen Akzent und mein rollendes "r" lustig gemacht hatte, steckte Frau Czaplinska ihren Kopf aus dem Fenster und fing an zu fluchen. Nachdem sie das Kind, seine Eltern und die ganze Familie verflucht hatte, drohte sie: „Wag es nicht noch einmal, so mit ihr zu sprechen, hörst du?" Sie wiederholte ihren Satz noch einmal mit lauter Stimme und beruhigte sich erst wieder, als das Kind seinen Kopf senkte und wegging. „Spielt weiter!", rief sie und verschwand vom Fenster. Alle Kinder gehorchten und spielten weiter.

Kryschia geht zur Schule

Zwei Monate waren vergangen und der Beginn des Schuljahrs rückte immer näher. Seit meiner Ankunft hatte ich zwei Briefe von Mutter bekommen, in denen sie mir versprach, bald zu kommen. Wie Mutter versprochen hatte, wurde ich in der besten Schule der Stadt eingeschrieben. Frau Czaplinska zeigte mir den Schulweg und weckte mich jeden Morgen, wenn alle anderen noch schliefen, strich mir mein Pausenbrot und kämmte mir das Haar. Ich musste vier Stationen mit der Straßenbahn fahren, bei der vierten Haltestelle stieg ich um in eine andere Linie, die bis zum Platz der Drei Kreuze fuhr. Die Schule lag zwei Straßen weiter von diesem Platz entfernt.

Ich war eine gute Schülerin und dachte stolz daran, wie gut mich Mutter unterrichtet hatte. Nur in einem Fach war ich schwach – Geometrie. Mutter hatte mich nicht in Geometrie unterrichtet. Herr Schultz aber war ein Ingenieur und so konnte er mir Nachhilfe geben und mir bei den Hausaufgaben helfen.

Ich fand eine gute Freundin – Hanka. Hankas Vater war Arzt. Sie wohnten in der Nähe der Familie Schultz. Eines Tages lud mich

Hanka nach der Schule zu sich nachhause zum Mittagessen ein. Ich war sehr aufgeregt. Ihr Haus sah fast so aus wie das von Großvater und Großmutter. Hanka, ihr Vater und ich setzten uns zum Essen, und das Dienstmädchen setzte jedem von uns Fleisch mit Kartoffelpüree auf feinen Porzellantellern mit Blumenmuster vor. All das erinnerte mich an die Wohnung von Großmutter und Großvater in den Tagen, als noch alles in Ordnung war... Ich steckte meine Gabel in das Fleisch, nahm das Messer in die rechte Hand und schnitt das Fleisch in Stücke. Dann schob ich das Kartoffelpüree mit dem Messer auf meine Gabel und aß. Hanka und ich schwätzten und lachten, ihr Vater las Zeitung. Nachdem er aufgegessen hatte, stand er vom Tisch auf, schaute mich an und sagte: „Wie merkwürdig, ein Kind vom Lande, das mit Messer und Gabel isst..." Er verabschiedete sich und ging zur Arbeit. Ich dachte, jetzt ist es aus. Wie konnte ich nur einen solchen Fehler machen! Mutter hatte mir gesagt, nicht mit Messer und Gabel zu essen, aber ich war so aufgeregt gewesen und wollte einen guten Eindruck hinterlassen. Was würde geschehen, wenn der Arzt die Polizei benachrichtigen und mich überprüfen lassen würde? Was würde der gesamten Familie Schultz passieren? Wenn die Deutschen herausfänden, dass sie ein jüdisches Kind verstecken, würden sie sie zum Tode verurteilen. Meine Freundin verstand gar nicht, warum ich zitterte. Sie wollte ihrem Vater nachlaufen und ihn bitten, mich zu untersuchen. Aber ich hatte solche Angst, dass er zurückkommen würde, dass ich mich zusammen nahm und sagte: „Alles in Ordnung. Ich bekomme manchmal so eine Art Schüttelfrost, sie haben mich untersucht, und alles ist in Ordnung. Ich hätte nur gern ein Glas Wasser."

Abends erzählte ich Frau Schultz was passiert war. Sie zerstreute meine Sorgen mit einem freundlichen Lächeln und sagte: „Morgen Abend ist Elternabend. Ich werde deiner Lehrerin über dich erzählen, damit sie weiß, was für ein besonderes Mädchen du bist." Frau Schultz kam in bester Laune von dem Treffen zurück und sagte: „Dieses Mädchen macht uns so stolz!" Ich wünschte, Mutter hätte das gehört. Schon seit einigen Wochen hatte ich keinen Brief von

Frau Anna Schultz   Herr Joseph Schultz

ihr bekommen. Frau Czaplinska sagte, dass Mutter sicherlich schon auf dem Weg nach Warschau sei. Als ich eines Morgens aufstand, waren Frau Schultz und ihre Söhne schon wach. Sie erklärten mir, sie würden in die Gegend von Tschortkov reisen und hoffentlich Früchte mitbringen können, die es in Warschau nicht zu kaufen gab. Ich hoffte, sie würden Mutter mitbringen.
Zwei Wochen später kam Anna Schultz mit ein wenig Obst zurück. Sie sagte, die Jungen seien mit ihrem Onkel im Dorf geblieben. Als ich sie nach Mutter fragte, antwortete sie: „Leider gibt es keine Juden mehr in Tschortkov. Aber Leute, die deine Mutter kennen, haben mir erzählt, sie sei in ein Dorf in der Gegend gegangen." Als Frau Schultz bemerkte, dass meine Augen vor lauter Sorge in Tränen schwammen und ich mich bemühte, nicht zu weinen, umarmte sie mich fest und sagte: „Kryschia, mach dir keine Sorgen. Ich bin sicher, dass deine Mutter sich versteckt hat und nur auf den richtigen Moment wartet, um hierher zu kommen." Ihre Worte konnten mich nicht beruhigen. Ich bereute, nach Warschau gefahren zu sein und dachte, es wäre

besser gewesen, wenn ich mit Mutter eingesperrt im Keller geblieben wäre, als frei zu sein, aber weit weg von Mutter. In dieser Nacht weinte ich in mein Kissen.

Einige Tage später, während Frau Czaplinska mir das Haar kämmte, sagte ich, ich hätte das Gefühl, als wären Anna und Joseph Schultz meine Eltern und ich würde auch nach dem Krieg eine Christin bleiben. Ich sagte auch nach, was die Kinder im Hof gesagt hatten: „Gut, dass es keine Juden mehr gibt." Das war ein Fehler. Frau Czaplinska zog mich am Haar und drehte mein Gesicht zu ihr. In der rechten Hand hielt sie meine Wange und mit ihrer linken Hand die Haarbürste, während sie mit lauter Stimme drohte: „Wage es nicht, das noch einmal zu sagen. Hörst du? Wir haben deiner Mutter versprochen, dass wir auf dich aufpassen werden und dass du ein normales Mädchen bleibst. Du hast eine Mutter, du bist Jüdin und alles andere ist nur Verstellung. Ist das klar?!" Sie ließ von meinem Gesicht ab, drehte meinen Kopf zurück und fuhr fort, mit sehr groben Strichen mein Haar zu kämmen.

Auf mich ist Verlass

Nach dem erfolgreichen Elternabend hatten wir Kinder Winterferien. Ich half Lydka, den Christbaum in der Wohnung der Familie Schultz mit bunten Kerzen zu schmücken. Wie andere christliche Familien auch, entzündete Familie Schultz die Christbaumkerzen. Unter dem Baum lagen Geschenke für die ganze Familie.

Als alle um den Baum saßen, hob Herr Schultz ein großes Päckchen hoch und sagte: „Krystyna, hier ist dein Geschenk." Ich war überrascht. In der Schachtel war eine Puppe, die ihre Augen öffnen und schließen konnte. Als ich sie herumdrehte, sagte sie „Ma-mi". In diesen Kriegszeiten hatte ich nur träumen können, eine solche Puppe zu bekommen. Die Puppe war nicht neu, Herr Schultz hatte sie einem Straßenhändler abgekauft, aber dieses Weihnachten, Weihnachten 1943, gab es

Ich halte die Puppe im Arm, die ich von Herrn Schultz bekommen habe in ganz Warschau kein glücklicheres Mädchen als mich. Eines Tages, als ich während dieser Winterferien zu Hause saß, klopfte es heftig an der Tür. Zwei deutsche Soldaten standen im Flur. In weniger als einer Stunde waren wir alle – Anna und Joseph Schultz, Lydka, Frau Czaplinska und ich – im deutschen Gestapo-Hauptquartier der Stadt. Wir wurden in einen Raum geführt. Hinter einem großen Holztisch saß ein deutscher Offizier, neben ihm ein polnischer Polizist. „Herr Schultz", sagte der Offizier, und der Polizist übersetzte aus dem Deutschen ins Polnische. „Wir haben gute Gründe, anzunehmen, dass dieses Mädchen", und dabei zeigte er auf mich, „eine Jüdin ist. Was haben Sie zu Ihrer Verteidigung zu sagen?" „Unsinn!", sagte Frau Czaplinska wütend.

„Ruhe! Sie hat niemand gefragt!", sagte der polnische Polizist und Frau Czaplinska schürzte ihre Lippen. „Reden Sie!", sagte der Polizist zu Herrn Schultz. Herr Schultz ging zum Tisch, zog seine Brieftasche hervor, nahm ein Zertifikat heraus und sagte: „Dieses Kind ist die Nichte meiner Frau. Sie heißt Krystyna Gryniewicz und ist auf dem

Land geboren. Hier ist der Taufschein, den wir von dem Dorfpriester erhalten haben. Glauben Sie, ein Priester würde einen Taufschein auf ein jüdisches Kind ausstellen?" „Wir stellen hier die Fragen", fuhr der Polizist Herrn Schultz an und übersetzte, was er gesagt hatte. Herr Schultz bat seine Frau um ihren Ausweis. „Sehen Sie", sagte er. „Hier steht der Geburtsname meiner Frau. Gryniewicz. Verstehen Sie, mein Herr? Krystyna Gryniewicz ist die Tochter des Bruders meiner Frau." Wieder übersetzte der Polizist für den Offizier und beide prüften die Dokumente. Nachdem sie sich beide auf deutsch kurz abgesprochen hatten, richtete sich der Polizist auf und sagte: „Ihr könnt nachhause gehen. Das Mädchen bleibt zum weiteren Verhör hier."

Frau Czaplinska hielt meine Hand fest. Der Polizist trat auf uns zu und sagte: „Komm mit mir." Frau Czaplinska tat einen Schritt, als würde sie mit mir mitgehen.

„Nur das Mädchen!", sagte der Polizist streng und Frau Czaplinska ließ meine Hand los. Ich wurde in einen anderen Raum gebracht. Ich saß auf einem Stuhl und wartete. Ein anderer Polizist kam in den

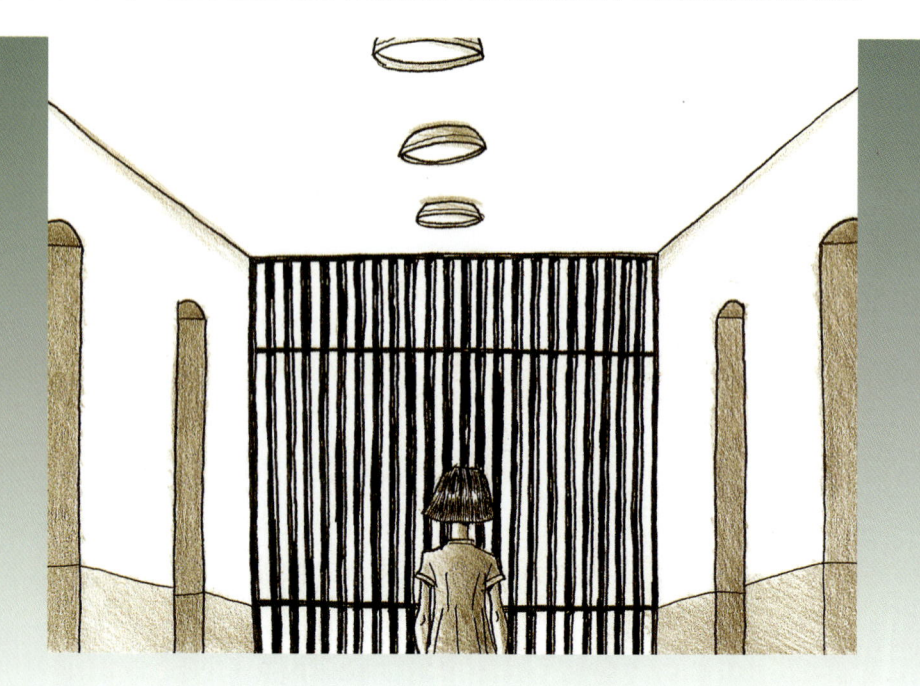

Raum und fragte: „Wie heißt du?", und ich antwortete: „Krystyna Gryniewicz, und ich bin die Nichte von Frau Schultz."

„Bist du sicher? Vielleicht hast du einen anderen Namen?" „Ich heiße Kryschia."

„Ich meine nicht deinen Kosenamen, sondern einen anderen Namen", sagte der Polizist, der mich vernahm, mit lauterer Stimme, um mich einzuschüchtern.

„Welchen Namen meinen Sie?", fragte ich mit gespielter Unschuld. „Was betest du in der Kirche?", fuhr er mich an. „Ich singe gerne," sagte ich und fing an, den Choral zu singen, den der Chor beim Gottesdienst gesungen hatte. „Und warum bist du nach Warschau gekommen?" Jetzt erfand ich eine ganze Geschichte: Meine Mutter war krank, mein Vater versuchte ständig, Medikamente für sie aufzutreiben, meine Brüder würden überhaupt nicht helfen und nur herumlungern, mein ältester Bruder sei oft betrunken und mein Vater hielt das nicht mehr länger aus. Und ich fügte hinzu: „Tante Anna ist uns besuchen gekommen und sah, was vor sich ging. Sie schlug Vater vor, mich nach Warschau mitzunehmen. Ich wollte nicht gehen, aber Vater bat mich sehr und so bin ich mit Tante Anna mitgekommen." Der Polizist verließ das Zimmer. Er kam erst gegen Abend des nächsten Tages zurück. In seiner Hand hielt er ein Brötchen mit einer gewürzten Wurst. „Gib zu dass du Jüdin bist, dann geb' ich dir zu essen," befahl er. Ich hatte seit zwei Tagen nichts gegessen und war hungrig.

„Ich habe keinen Appetit und ich esse nicht außerhalb von zuhause. Frau Czaplinska erlaubt das nicht." „Wer ist Frau Czaplinska?" fragte der Polizist böse. „Ich gebe hier die Befehle!" Ich verschränkte meine Hände hinter dem Rücken. Der Polizist veränderte plötzlich den Tonfall und sagte mit sanfter, schmeichelnder Stimme: „Sicher bist du schrecklich hungrig. Sag mir wer du bist und ich geb' dir dieses leckere Brötchen mit der Wurst." „Frau Czaplinska ist mein Kindermädchen und ich tue alles, was sie mir sagt. Ich werde die Wurst nicht essen, ehe sie mir nicht sagt, dass ich sie essen soll." Wütend warf der Polizist das Brötchen auf den Boden und ging nach

draußen. Ich war sehr hungrig, aber ich wagte es nicht, das Brötchen anzurühren. Ich wollte, dass sie mir glauben, ich sei Krystyna Gryniewicz. Ausgezehrt von all der Spannung und Erschöpfung, schlief ich auf dem Fußboden ein und schlief bis zum nächsten Morgen. Am Morgen teilte mir der Polizist mit, dass ich entlassen sei und schickte mich nachhause. Ich trat auf die Straße. Ich hatte kein Geld bei mir, aber ich nahm trotzdem die elektrische Straßenbahn nachhause. Als ich zur Türe herein trat, rannte Frau Czaplinska auf mich zu. Sie umarmte und küsste mich. Herr Schultz begrüßte mich mit einem breiten Lächeln und sagte: „Ich wusste, dass wir uns auf dich verlassen können. Ich bin sehr stolz auf dich!"
Ich dachte, wenn Mutter das erfahren hätte, wäre sie auch sehr stolz auf mich gewesen. Einen kurzen Moment lang war ich froh, dass sie noch nicht in Warschau angekommen war. Wenn die Deutschen auch sie festgenommen hätten, hätte sie nicht überlebt.

Frau Czaplinska rettet mir das Leben

Der Sommer kam und Mutter war noch immer nicht gekommen. Wir hatten kaum etwas zu essen im Haus. Ein weiteres Mal verreisten Anna und Lydka, um Obst und Gemüse aufzutreiben und ich blieb mit Herrn Schultz und Frau Czaplinska zuhause. Ich spielte mit meinen Freunden im Hof und aß, was immer Frau Czaplinska aus den spärlichen Vorräten zubereitete. Eines Nachmittags, als ich nach einem Besuch bei meiner Freundin Hanka auf dem Weg nachhause war, hörte ich Gewehrschüsse und das scharfe Pfeifen einer Raketensalve über dem Fluss, der an Warschau vorbei fließt. Verängstigt rannte ich nachhause und stieß am Eingang mit Herrn Schultz zusammen, der gerade das Haus verließ. „Was ist passiert?", fragte ich atemlos.
„Es hat einen Aufstand gegeben. Die Polen machen einen Aufstand gegen die deutsche Besetzung", antwortete er aufgeregt und ging. Er kam nie wieder zurück und bis heute weiß niemand, was mit ihm geschehen ist.
Diese Nacht wurde die Stadt von der Luft aus bombardiert. Frau

Czaplinska und ich rannten in den Schutzkeller. Sie ließ meine Hand keine Sekunde los und drängte die Leute beiseite, bis wir beide neben der Wand hinter der Kellertür standen. Ein paar Minuten später brachen deutsche Soldaten durch die Tür in den Schutzkeller ein und prügelten auf uns ein. Eine Handgranate wurde in eine Gruppe von Leuten geworfen, die beisammen standen. Einen Augenblick bevor die Granate explodierte, warf mich Frau Czaplinska auf den Boden und legte sich über mich, so dass ich nicht verwundet würde. Als sie sah, dass mir nichts passiert war, nahm sie wieder meine Hand, kletterte über alles und jeden, der im Weg lag und rannte mit mir nachhause.

Mehrere Nächte lang schliefen wir unter unseren Betten, bis deutsche Soldaten in die Wohnung einbrachen und uns mit vorgehaltenen Gewehren auf die Straße trieben. Frau Czaplinska konnte noch ihren schwarzen Mantel mitnehmen, sie hielt meine Hand und wir liefen beide nach draußen. Viele Leute waren auf der Straße, Frauen und Kinder wie wir, die aus ihren Häusern getrieben worden waren. Um uns herum waren ständig Explosionen zu hören. Man befahl uns, los zu marschieren.

Wir gingen zusammen mit Tausenden anderen, fast alle Frauen und Kinder, drei Tage lang ohne zu wissen, wohin. Es begann zu regnen, der Boden wurde schlammig. In der Eile verlor ich eine Sandale und nach kurzer Zeit fing mein nackter Fuß an zu bluten. Das Laufen wurde immer schmerzhafter und so trug mich Frau Czaplinska auf ihrem Rücken. Wir erreichten ein eingezäuntes Lager und mussten in einer langen Reihe vor dem Tor warten. Je kürzer die Reihe wurde, desto mehr Schreien und Weinen hörten wir. Unter den Wartenden verbreitete sich das Gerücht, man würde die Erwachsenen von den Kindern trennen. Frau Czaplinska zog mich ans Ende der Reihe. „Bald ist Abend," sagte sie zu mir. „Es ist sicherer, im Dunkeln hinein zu gehen." Der Abend kam. Frau Czaplinska beobachtete angespannt die kürzer gewordene Menschenreihe. „Komm ganz nah zu mir", sagte sie. „Steh, als ob du mich umarmen würdest." Ich stand dicht bei ihr. „Leg deine Arme um meinen Hals, dann hebe ich dich hoch."

Frau Czaplinska beugte ihren Hals zu mir herab. Ich umarmte sie und legte meine Beine um ihre Hüften. Sie knöpfte ihren schwarzen Mantel zu, drückte meinen Kopf nach unten und flüsterte in mein Ohr: „Halt dich fest. Sie werden uns nicht trennen. Wir bleiben zusammen auf Leben und Tod."

Wie Frau Czaplinska vorausgesagt hatte, waren die Wachposten am Tor schon müde und hatten keine Lust, die dicke Frau zu kontrollieren, die durch das Tor trat. „Bald lass ich dich herunter," wisperte sie, trug mich aber noch ein langes Stück weiter. „Wir sind da. Du kannst herauskommen," sagte sie und öffnete den Mantel. Ich schlüpfte unter dem Mantel hervor und blickte mich um. Wir standen in der Ecke eines riesigen Raumes mit Schlafkojen und Matratzen, die auf einer Schicht Stroh verteilt waren. Frau Czaplinska trennte die Nähte einer Matratze auf und befahl mir, in die Matratze hinein zu kriechen. Dann legte sie sich neben mich und sagte: „Schlaf jetzt."
In der Nacht weckte sie mich auf und befahl mir, ihr zu folgen. Ich tat es, aber es fiel mir schwer, mich im Dunkeln zurecht zu finden.

Frau Czaplinska sagte: „Ich nehme dich mit nach draußen, damit du dich erleichtern kannst. Dann wartest du bis morgen Nacht. Es ist nicht erlaubt, dass du hier bist. Diese Baracke ist nur für Frauen. Es sieht so aus, als würden sie uns morgen zur Arbeit abholen. Du wartest in der Matratze auf mich, deinen Kopf kannst du auf meinen Mantel legen. Wenn ich zurückkomme, bringe ich dir Essen mit." Ich stellte keine Fragen. Ich wusste, dass ich in großer Gefahr war und die Furcht, dass sie mich von Frau Czaplinska trennen würden, war so stark, dass ich bereit war, alles zu tun.

So vergingen mehrere Tage. Tagsüber wagte ich es nicht, aus meiner Matratze heraus zu kriechen. Gegen Abend kam Frau Czaplinska zurück und brachte mir ein Stück Brot. Und dann, eines Nachts, weckte sie mich auf und wir verließen die Baracke und gingen auf das Lagertor zu. Kurz bevor wir das Tor erreichten, blieb sie stehen, trennte die Naht ihres Mantels auf und nahm zwei goldene Münzen heraus.

„Warte hier!", befahl sie und ging alleine auf den Wachposten zu. Ich sah, wie der Posten die Münzen aus Frau Czaplinskas Hand nahm und das Tor öffnete. Einen Augenblick später waren wir beide außerhalb des Lagers. Wir gingen die ganze Nacht. Morgens stiegen wir in einen Zug in Richtung Krakau und von dort aus gelangten wir in ein kleines Dorf, wo eine verarmte Familie, Bekannte von Frau Czaplinska, lebte. Sie waren nicht besonders glücklich, dass wir angekommen waren, aber sie gewährten uns in ihrem Keller Unterschlupf. Dort war es heiß und in der Luft lag ein fauliger Geruch. Ich wurde krank, mein ganzer Körper war übersät mit Läusen und Geschwüren. Meine schmutzigen Kleider konnte ich nicht mehr tragen, also lag ich ohne Kleider unter der Decke. Ich war sehr verängstigt und Frau Czaplinska ließ mich nicht für einen einzigen Augenblick alleine.

Der Krieg ist zu Ende

Und plötzlich sagte mir Frau Czaplinska, der Krieg sei zu Ende und die Deutschen wären auf dem Rückzug. Allerdings sei es noch immer zu gefährlich, den Keller zu verlassen. „Ich will nach Warschau fahren und sehen, was dort vor sich geht. Ich werde versuchen, Essen aufzutreiben und Kleider mitbringen", versprach sie.

„Wie lang wirst du wegbleiben?" „Sechs Wochen lang." Das war eine lange Zeit, aber ich hatte nicht die Kraft, mich zu widersetzen. Sie war die einzige Person in der Welt, auf die ich mich verlassen konnte. Sechs Wochen lang wartete ich auf sie. Sechs Wochen lang lag ich im Keller unter einer Decke. Jeden Tag brachte mir jemand aus der Familie ein wenig zu essen. Ich aß und versuchte, so viel wie möglich zu schlafen. Ich war zu schwach, um mich auf den Füßen halten zu können. Genau nach sechs Wochen kam Frau Czaplinska zurück. Sie hatte Kleider dabei – Unterwäsche, ein Kleid, Socken und Schuhe. Sie half mir nach oben, badete mich, schnitt mir die Haare und zum ersten Mal seit sehr langer Zeit sah ich wieder aus wie ein Mensch. Wir brachen auf in Richtung Warschau. Abends

Frau Czaplinska

stiegen wir in einem Gasthaus ab. Frau Czaplinska gab mir ein Stück Brot und ein wenig Wasser. Wir saßen auf dem Bett und dann sagte sie: „Ich muss dir etwas Furchtbares sagen. Du kannst weinen, schreien, brüllen." Sie schwieg einen Moment, nahm einen tiefen Atemzug, seufzte und überbrachte mir dann die Nachricht, die ich vorausgeahnt hatte: „Deine Mutter ist nicht mehr am Leben. Sie wird nie wieder zurückkommen." Ich schrie nicht und ich weinte nicht. Ich war müde. „Es gibt Juden, die es nach Warschau geschafft haben...", versuchte sie zu sagen, aber ich unterbrach sie. „Es gibt noch Juden dort?" Ich hatte mehr als zwei Jahre lang keine Juden mehr gesehen und konnte nicht glauben, dass es noch Juden in Polen gab. „Ja, und einige von ihnen haben sich in Warschau zusammen gefunden." „Das ist mir egal. Ich bleibe bei dir!" sagte ich entschlossen, legte mich auf das Bett und drehte meinen Kopf zur Wand. Die ganze Nacht über dachte ich an Mutter: Was war ihr zugestoßen? Warum hatte sie versprochen zu kommen und schließlich kam sie nicht? Es kam mir nicht in den Sinn, auf Vater zu warten. Ich hatte bereits vor langer

Zeit begriffen, dass die Deutschen Vater ermordet hatten und dass Mutter nur versucht hatte mich zu beschützen, als sie sagte, er sei jenseits der Berge auf Reisen gegangen. Am Morgen fragte ich Frau Czaplinska: „Was ist mit Anna und Lydka, sind sie am Leben?" „Ich habe nichts von ihnen gehört, aber ich nehme an, dass sie am Leben sind." „Wie hast du dann über Mutter erfahren?" „Wir haben über deine Mutter Nachricht erhalten, als wir noch in Warschau waren. Deine Mutter floh aus Tschortkov in das Dorf der echten Krystyna Gryniewicz, aber die Familie konnte nicht das richtige Zertifikat für sie auftreiben. Sie wechselte in ein anderes Dorf und versteckte sich bei Verwandten der Familie Schultz. Jemand hat sie verraten und so fiel sie den Deutschen in die Hände."

Plötzlich wurde mir klar, dass die gesamte Familie Schultz gewusst hatte, dass Mutter nicht mehr am Leben war. Sie wussten, warum ich keine Briefe mehr erhielt – und trotzdem waren sie entschlossen, mich zu beschützen und fuhren fort, sich zu verstellen.

Rückkehr nach Warschau

Warschau war bombardiert worden und ähnelte in keiner Weise der Stadt, die wir verlassen hatten. In jeder Straße waren Berge von Schutt und zerstörte Häuser. Auch unsere Wohnung war bei den Luftangriffen getroffen worden und war völlig ausgeplündert. Niemand der Familie Schultz war zurück gekommen. Frau Czaplinska und ich blieben allein in der ruinierten, ausgeplünderten Wohnung. Wir hatten weder zu essen noch Kleidung. Frau Czaplinska nahm verschiedene Gelegenheitsarbeiten an und ich beschloss, zu helfen. In unserer Straße wurde Wasser an die Bewohner verteilt. Jeder wartete mit Eimern in der Hand in einer langen Reihe. Ich hatte die Idee, dass daraus ein gutes Geschäft zu machen sei. Ich drängte mich zwischen die wartenden Menschen, während Hiebe und Flüche auf mich nieder hagelten. Bald war ich am Anfang der Reihe angekommen und hatte zwei volle Eimer mit Wasser in den Händen. Ich trug die Eimer an das Ende der Schlange und rief wie ein Händler am Markt: „Wasser zu verkaufen! Wasser zu verkaufen! Wartet nicht in der

Reihe, nehmt einen Kübel Wasser gegen ein paar Kartoffeln." Immer gab es jemanden, der die Geduld verlor und mir seinen leeren Eimer und ein paar Kartoffel aushändigte. Ich lief in unsere Wohnung, stellte den vollen Wassereimer und die Kartoffeln ab, nahm den leeren Eimer mit und lief zurück. Wieder drängte ich mich durch die Menschenschlange, wieder bekam ich Schläge und Flüche ab, aber ich gab nicht auf. Ich bekam das Wasser und ging zurück ans Ende der Schlange. „Wer will Wasser? Wer will Wasser? Tausche Wasser gegen Zwiebeln, tausche Wasser gegen Brot!" Und wieder war da jemand, der bereit war, den vollen Eimer Wasser gegen einen leeren Eimer und ein paar Zwiebeln oder gegen einen leeren Eimer und einen halben Laib Brot zu tauschen. Frau Czaplinska war sehr zufrieden.

Ich beschloss, dass ich nie Jüdin gewesen war, dass ich keine Jüdin sei, und dass ich niemals mehr Jüdin sein würde. Ich spielte mit den Kindern im Hof und verfluchte jeden Passanten, der jüdisch aussah.

Ich ging weiterhin in die Kirche und betete voller Andacht. Ich wollte keinerlei Verbindung mit dem jüdischen Volk. Mit angehaltenem Atem wartete ich darauf, dass das Schuljahr beginnen möge. Frau Czaplinska hatte mir versprochen, sie würde alles tun, damit ich wieder zur Schule gehen könne.

Großvater will mich zurück haben

Eines Nachmittags saß ich mit Frau Czaplinska in der Wohnung, als es an der Tür klopfte. Ich öffnete und zwei Männer standen im Flur – ein älterer, beinahe alter Mann und ein junger Mann. Ich erkannte sie sofort. Großvater Itzhak und Onkel Leon, der Bruder meines Vaters. Großvaters Augen waren leblos, er sah traurig aus und sein Rücken war gekrümmt. Großvater blickte mich an und erwartete eine freudige Begrüßung oder eine Umarmung, ich aber fing an zu schreien: „Ihr schmutzigen Juden. Verschwindet von hier. Warum seid ihr gekommen? Um unsere Wohnung voll zu stinken? Geht hin, wo alle Juden sind. Wir brauchen euch hier nicht..." Wäre Frau Czaplinska nicht gekommen und hätte mich zum Schweigen gebracht, ich hätte noch weiter geschrien. Frau Czaplinska wandte sich höflich an die beiden Männer und bat sie in die Wohnung. Die drei sprachen untereinander und Frau Czaplinska fragte mich: „Erinnerst du dich an deinen Großvater, den Vater deiner Mutter?" Mit flehenden Augen blickte Großvater mich an. Ich schaute ihm gerade ins Gesicht und sagte: „Nein. Krystyna Gryniewicz hat keinen Großvater."

Beklemmende Stille. Voller Schmerz sagte Großvater zu Frau Czaplinska: „Nur ein paar wenige Juden aus Tschortkov sind am Leben geblieben. Sie haben das Ghetto liquidiert und alle Juden weggebracht... Sie wissen, wohin..." Frau Czaplinska schüttelte den Kopf. Sie teilte seinen Schmerz. „Meine Frau Monja und ich haben uns im Keller der Apotheke versteckt, aber jemand hat uns verraten, so dass wir auf die Straße fliehen mussten. Monja wurde erschossen, und ich schlug mich alleine weiter durch. Ich weiß nicht, was mit meiner Tochter Lunia geschehen ist. Seit sie abgereist ist, haben wir nichts von ihr gehört. Niemand ist übrig geblieben von meiner Familie. Ich will nur meine Enkeltochter zurück..." „Ich bin nicht deine Enkeltochter..." Ich schrie ohne jede Rücksicht auf Großvaters Schmerz. „Frau Czaplinska, glaub diesem Juden kein Wort! Du weißt selbst, woher ich komme. Verschwindet hier! Verschwindet hier! Verschwindet hier!" Verzweifelt gingen sie. Frau Czaplinska sagte kein einziges Wort. Es vergingen drei Wochen. Der Beginn des Schuljahres stand kurz bevor. Ich hatte mir schon vorgestellt, wo ich sitzen würde und hoffte, dass meine Freundin Hanka auch da sein würde. Eines Tages kam ich vom Hof nach drinnen, und Frau Czaplinska sagte: „Morgen früh fahren wir in ein Dorf in der Nähe von Lodz. Ich habe erfahren, dass Anna Schultz und Lydka am Leben sind und in diesem Dorf leben. Sie wollten nach Warschau kommen, aber ich ziehe es vor, zu ihnen zu fahren. Es gibt viel zu essen dort und du bist noch ein kleines Mädchen, das Obst und Gemüse braucht, um zu wachsen." Es tat mir leid, dass ich meine Freunde in Warschau würde verlassen müssen, aber ich freute mich darauf, Lydka und Frau Schultz zu sehen. Ich dachte außerdem, es sei klug, weit weg zu fahren, damit Großvater keine Chance hätte, mich zu finden.

Während der Reise, bevor wir in den nächsten Zug umsteigen mussten, verließen wir den Bahnhof und gingen nach draußen, um Eiscreme zu kaufen. Wir blieben bei einem Möbelgeschäft stehen, weil Frau Czaplinska im Schaufenster einen alten kleinen Tisch entdeckte, der sie an ihr Elternhaus erinnerte. Das schwarze Auto, das neben dem Gehweg anhielt, sah ich nicht. Aber den Mann mit Bart im schwarzen Anzug, der neben uns stand, den bemerkte ich. Plötzlich packte mich der Mann von hinten und zerrte mich in das schwarze Auto. Ich schrie: „Frau Czaplinska, Hilfe!" Das Auto fuhr ab. Durch das Fenster sah ich Frau Czaplinska stehen und weinen. Ich stieß in alle Richtungen. Ich biss dem Mann in die Hand. Ich kreischte, fluchte, spuckte. Das Auto fuhr davon, ohne dass ich sehen konnte, wohin die Fahrt ging.

Ich will zu Frau Czaplinska

Die ganze Fahrt über beruhigte ich mich nicht und kämpfte weiter. Zweimal schlug ich den Fahrer, der vor mir saß, auf den Kopf. Mehrmals versuchte ich, die Autotür zu öffnen, um zu fliehen. Der Mann neben mir versuchte, meine Hände und Füße festzuhalten und drohte mir, aber ich hörte nicht auf. Plötzlich blieb das Auto stehen und der Fahrer stieg aus. Ich befürchtete, er würde mich schlagen. Er öffnete die Autotür und zog mich heraus. Sein Freund mit Bart stieg auf der anderen Seite aus und versuchte, seinen Hut gerade zu biegen, den ich ihm zerquetscht hatte, und den Schmutz aus dem Anzug zu klopfen, der von meinen Schuhsohlen stammte. Sie sahen, dass ich nicht kooperierte und zogen mich – während ich unablässig schrie – ohne jedes Wort an den Armen ins Treppenhaus und in den ersten Stock. Vor einer der Wohnungstüren blieben sie stehen und klopften. Großvater öffnete die Tür. Die beiden Männer brachten mich herein, ließen mich los und liefen sofort zur Tür, als hätten sie Angst, ich würde ihnen nachjagen. Ich legte mich hin und schlug mit den Fäusten auf den Boden. „Herr Sternschus", sagte der Fahrer zu Großvater, als beide im Treppenhaus standen, „ich hoffe, Sie werden besser mit ihr zurecht kommen als wir!" Es war wirklich nicht leicht für Großvater. Ich schrie immer und immer wieder: „Ich will zu Frau Czaplinska! Ich will zu Frau Czaplinska!" Ich nahm ein kleines Kreuz aus meiner Tasche, hing es an einen Nagel und betete um Rettung. Großvater warf das Kreuz auf den Boden und schrie: „Du bist Jüdin! Wir sind Juden! Juden beten nicht zum Kreuz!" Das Kreuz war zerbrochen. Weinend sammelte ich die Teile auf. Ich ging in Hungerstreik. Nach ein paar Tagen zwang mich Großvater zu essen. Ich aß ein wenig, aber ich sprach kein Wort. Die Kluft zwischen uns war unüberwindbar. Ich fand einen Stift und Papier und schrieb einen Brief an Frau Czaplinska. Ich flehte: „Komm und rette mich. Großvater schlägt mich und gibt mir nichts zu essen. Ruf die Polizei. Rette mich! Rette mich!" Auf die Rückseite des Briefes schrieb ich die Adresse der Familie Schultz in Warschau, dann warf ich ihn aus dem

Fenster. Ich hoffte, jemand würde den Brief finden und abschicken. Zwei Wochen lang versuchte Großvater, Nähe zu mir zu finden. Ich hielt Distanz. Ich sah seine traurigen Augen, aber ich gab nicht nach. Ich weigerte mich, mich zu waschen und zu kämmen. Meine Hoffnung war, dass er mich satt bekommen und zurück zu Frau Czaplinska schicken würde. Ich hatte kein Verlangen, noch einmal ein neues Leben mit einem alten, unglücklichen Großvater zu beginnen. Eines Tages sagte Großvater: „Wir gehen." „Zu Frau Czaplinska?" Großvater gab keine Antwort. Er nahm meine Hand und wir verließen gemeinsam die Wohnung. Wir nahmen den Bus in eine Stadt, die ich nicht kannte, und gingen dann vier Straßen lang, bis wir bei einem riesigen, grauen Haus ankamen, das von einer Mauer umgeben war. Wir stiegen in den dritten Stock hoch. Dort befahl mir Großvater, mich vor einer großen Türe nieder zu setzen. Ich setzte mich, müde und ausgezehrt. Großvater klopfte zweimal an die Tür, drehte sich um – und verschwand.

Marta oder Kryschia

Ich hatte alles versucht, was möglich ist, um zu erreichen, dass Großvater mich zurück zu Frau Czaplinska bringen würde, und jetzt setzte er mich an einem fremden, unvertrauten Platz aus. Dieser Schritt kam völlig unerwartet. Ich fing an zu weinen.
Die Tür ging auf und eine Frau in einem Kleid mit weißer Schürze beugte sich über mich, streichelte meinen Kopf und streckte mir ihre Hand entgegen. Ich stand auf und folgte ihr in das Haus. Wir traten in eine geräumige Eingangshalle, an die Zimmer angrenzten. Kinder ungefähr meines Alters liefen herum, sie sahen glücklich aus. Ich folgte der Frau weiter, bis wir an eine große, durchsichtige Türe gelangten. Wir traten ein und die Tür schloss sich hinter uns. Die Frau gab mir einen Stuhl und ein Glas Wasser und fragte: „Wie heißt du?" Ich wusste nicht, was ich antworten sollte. Sollte ich sagen, dass ich Krystyna Gryniewicz bin oder Marta Winter? Ich nahm also noch einen Schluck Wasser und fragte: „Was ist das hier für ein Ort?" „Das ist ein Heim für Kinder, deren Eltern nicht zurück gekommen sind

und die auf sich selbst gestellt sind." "Sind alle hier jüdisch?", fragte ich. Ich konnte mich nicht erinnern, jemals so viele Juden an einem Platz gesehen zu haben. "Alle hier sind jüdisch. Und woher kommst du?" "Ich?" Einen Augenblick lang war ich verwirrt. "Ich bin aus Warschau... Aus Tschortkov... Nein, ich bin aus Warschau." "Und wie heißt du?" Schon wieder stellte sie diese komplizierte Frage. "Ich heiße Krystyna Gryniewicz und alle nennen mich Kryschia. Ich bin die Nichte von Frau Anna Schultz. Ich bin vom Dorf zu meiner Tante gezogen, weil meine Mutter krank war." Ich richtete mich auf und hielt meine gut vorbereitete Rede. "Oh," sagte die Frau nachdenklich. "Warum kommst du dann in ein jüdisches Kinderheim?" "Das war Großvater. Großvater hat mich hierher gebracht." "Großvater..." "Ja. Er hat den Auftrag gegeben, mich von Frau Czaplinska zu entführen. Er wollte, dass ich jüdisch bin, aber ich will nicht jüdisch sein. Frau Czaplinska hat mir gesagt, dass Mutter gestorben ist und dass auch Vater gestorben ist und dass ich bei ihr bleiben und wieder in die

Schule gehen kann." „Lernst du gern?" „Sehr gern." „Wie hieß deine Mutter?" „Meine Mutter hieß Netty. Sie hat versprochen, mich holen zu kommen, aber sie ist nicht gekommen. Mutter nannte mich Martusch. Vater nannte mich Martale," sagte ich und dabei lächelte ich zum ersten Mal seit langer Zeit. „Wie alt bist du?" „Ich bin zehn."

„Und wie lang warst du in Warschau?" „Mehr als zwei Jahre." „Ich will dir einen Vorschlag machen", beendete die Frau unser angenehmes Gespräch. „Nachdem du allein bist und wir für dich hier einen Platz frei haben, bleib ein paar Tage bei uns, ehe du dich entscheidest, ob du Kryschia oder Marta genannt werden willst. Einverstanden?" „Darf ich beten?" „Ja", gab sie schlicht zur Antwort. „Und gibt es Essen für mich?", fragte ich, denn ich war sehr hungrig. „Es gibt Essen. Nachdem du dich gewaschen hast, werden wir alle zusammen zu Mittag essen", sagte die Frau freundlich und brachte mich in eines der Zimmer.

Im Kinderheim

Am Anfang betete ich und bekreuzigte mich jeden Tag, aber langsam hörte ich damit auf. Ich fühlte mich wunderbar mit meinen jüdischen Freunden, die mich bei all ihren Spielen mitmachen ließen. Ich war in einem Raum mit 24 Waisenmädchen und jede Nacht vor dem Schlafengehen erzählte uns eines der Mädchen, was ihr während des Holocaust geschehen war und wie sie überlebt hatte. Regina erzählte uns, dass sie aus dem Ghetto in Lvov geflohen war und als Gänsehüterin in einem kleinen Dorf Arbeit gefunden hatte. Stella erzählte uns, dass sie mit ihren Eltern in einen Zug einsteigen musste, der sie in das Todeslager Treblinka bringen sollte. Ihr Vater hatte sie aus dem fahrenden Zug geworfen. Dorfbewohner fanden sie neben den Bahngleisen, nahmen das Geld aus dem Beutel, den sie um den Hals trug und brachten sie zum Dorfpriester. Der Priester schlug ihr vor, sie solle sich als Christin ausgeben und sich in dem nahegelegenen Kloster verstecken. Sie weigerte sich und wanderte nachts von Dorf zu Dorf, bis sie auf eine Gruppe von Partisanen stieß, die sie aufnahmen.

Ich mochte Stella sehr, sie wurde bald eine gute Freundin von mir. Ich bewunderte diese Heldinnen, aber ich weigerte mich, über mich selbst zu sprechen. Was war schon meine Geschichte im Vergleich zu den faszinierenden Überlebensgeschichten dieser Mädchen? Was konnte ich sagen? Dass ich in Warschau jeden Tag zur Schule gegangen bin? Dass ich mich in einem Keller versteckt hatte? Dass ich drei Tage lang in einem Zug gefahren bin, ohne mich zu bewegen? Dass ich die Gestapo zum Narren gehalten hatte? Dass ich mich in einer Strohmatratze versteckt hatte? Ich glaubte, dass meine gesamte Geschichte nicht wichtig genug war, um sie zu erzählen. Ich hatte große Sehnsucht nach meiner Mutter, aber es gab niemanden, mit dem ich meine Trauer hätte teilen können. Während der Nächte konnte man das Weinen der Mädchen hören, die sich nach ihren Eltern und Familien sehnten. Eines der Mädchen, das neben mir schlief, nässte ein. Es war ihr sehr peinlich und sie entschuldigte sich. Ich sagte ihr, dass mir das nichts ausmache, es störte mich nicht, sie solle sich keine Gedanken machen, denn das ginge vorüber.

Ich war ziemlich gewieft. Eines Nachts nahmen zwei Freundinnen und ich die Schlüssel zur Speisekammer der freundlichen Frau, die mich in das Kinderheim aufgenommen hatte. Ich kletterte bis zum höchsten Regal und nahm mir Kakao und ein volles Glas mit Zucker. Wir brachten den Mädchen in den Schlafräumen Tassen und Löffel und in jede Tasse gaben wir zwei Teelöffel Kakao und vier Teelöffel Zucker. Dann gossen wir ein wenig Wasser in jede Tasse und riefen die Mädchen, um die „Schokolade" alle zusammen im einheitlichen Rhythmus umzurühren. Wir benutzten Teelöffel – eine Runde, noch eine, dann zwei schnelle Runden, dann wieder eine Runde und noch eine – bis sich Zucker und Kakao gut aufgelöst hatten. Ich fand dieses Schokoladengetränk widerlich, aber die Mädchen tranken es. Am nächsten Tag krümmten sich alle mit schrecklichen Bauchschmerzen – alle außer mir.

Meine Freundinnen und ich waren neidisch auf die beiden Mädchen, deren Mütter noch am Leben waren. Es plagte uns, dass ihre Mütter zu Besuch kamen, dass sie jemanden hatten, auf den sie warten und den sie umarmen konnten. An Hannukkah, als ihre Mütter sie besuchen kamen und ihnen Geschenke mitbrachten, stürzten wir uns auf sie und nahmen ihnen die Süßigkeiten weg. Im Kinderheim hörte ich zum ersten Mal von Eretz Israel und lernte die Geschichten der Helden dieses Landes: Judas Makkabäus, König David, Gideon und Samson. Unsere Betreuer erzählten uns von Juden, die schon vor dem Krieg Polen und Russland verlassen hatten und Alijah nach Eretz Israel gemacht hatten. Ich erfuhr über das Leben im Kibbutz und den großen Traum, einen jüdischen Staat in Eretz Israel zu gründen. Mit der Zeit gewöhnte ich mich an die Idee, Jüdin zu sein und an die Idee, mit meinen Freunden gemeinsam nach Eretz Israel zu gehen. Mein Name aber war noch immer Kryschia.

Unterwegs nach Eretz Israel

An einem Winterabend im Jahr 1946 weckte uns die freundliche Frau auf und wies uns an, leise das Haus zu verlassen. Wir gingen nicht durch das Haupttor nach draußen, sondern kletterten über die Mauer und sprangen. Wir wurden auf einen Lastwagen gehoben und mussten leise sein. Alle saßen still. Wir alle wussten, wie man in Zeiten der Gefahr still hält, wir wussten jedoch nicht, was geschehen würde.

Wir fuhren die ganze Nacht. Am Morgen, bei Sonnenaufgang, hielt der Lastwagen in einem Wald an. Wir sollten aussteigen und uns in einen Kreis setzen. Ein junger Mann stand vor uns. Die Mädchen fingen alle an, laut durcheinander zu reden wie ein Schwall von Wasser: „Wo sind wir? Wohin haben sie uns gebracht? Warum haben sie uns nichts gesagt?" „Ruhe!", rief der Betreuer und sofort war es still. „Wir sind unterwegs nach Deutschland", erklärte er. „Aber im Augenblick sind wir noch in der Slowakei und wir müssen eine weitere Grenze passieren. Wir haben euch nachts herausgeholt," fügte er hinzu, „weil die neue Regierung in Polen die Auswanderung von

Juden aus dem Staat verzögert und wir befürchtet haben, dass sie euch nicht nach Eretz Israel auswandern lassen würden." Wieder erhob sich das Gemurmel und Geflüster unter den Mädchen. „Aber!!!", rief der junge Mann nun etwas lauter, „auch in der Slowakei bedroht die neue Regierung die Bewegungsfreiheit des jüdischen Volkes, deshalb warten wir hier, bis es Abend wird. Dann geben wir Essen aus und wenn es dunkel ist, geht es weiter auf dem Lastwagen." „Und wenn sie uns erwischen?", fragte ein Mädchen und sprach damit aus, was uns alle bedrückte.

„Tut, was man euch sagt und mit Gottes Hilfe werden wir gut ankommen."

Nachts stiegen wir wieder auf den Lastwagen und fuhren in angespannter Stille. Viele Stunden später, kurz vor der Morgendämmerung, hielt der Wagen an. Wir stiegen sofort aus. Still ging der Befehl um, sich in Paare aufzuteilen. Es schien uns, dass die jungen Leute, die um uns waren, eine Uniform trugen. Einige sprachen polnisch, andere jiddisch. Ich verstand, dass sie gekommen waren, um uns zu helfen, und beruhigte mich. Wir marschierten in einem Flussbett im strömenden Wasser. Der Weg war lang und anstrengend. Ich wurde nass, fiel und verletzte mich. Als ich zu erschöpft war, um weiter zu gehen, hob mich einer der jungen Männer hoch und trug mich auf seinem Rücken. Gegen Morgen waren wir bereits in Deutschland. Wir stiegen auf einen anderen Lastwagen und kamen zwei Stunden später im Kinderheim eines Displaced-Persons-Lager an. Nach der Befreiung fanden sich Juden, die den Holocaust überlebt hatten und auf die Erlaubnis warteten, nach Eretz Israel einzuwandern, in Lagern für Displaced Persons in Deutschland zusammen. In Deutschland, Frankreich und Italien gab es viele solcher Lager mit Hunderttausenden von Juden. In jenen Tagen hatte England die Herrschaft in Eretz Israel und erlaubte auf Druck der dortigen arabischen Bevölkerung nur wenigen Juden einzuwandern. Mehr als zwei Jahre lang warteten Juden in den Lagern

Mit Großvater und Lunia

für Displaced Persons. Einige versuchten, das Land illegal auf sogenannten Ma'apilim-Schiffen, Schiffen mit illegalen Immigranten, zu erreichen. Andere konnten das harte Leben in den Lagern nicht mehr ertragen und beantragten entweder ein Visum in die Vereinigten Staaten oder blieben in Europa. Wen traf ich nach einigen Wochen im Lager? Großvater und meine Tante Lunia. Sie waren zusammen in das Displaced-Persons-Lager gekommen. Großvater sah viel besser aus. Er erkundigte sich nach meinem Befinden und fragte, wie ich mit meinen Freundinnen auskam. Als mich Tante Lunia umarmte, dachte ich an Mutter – an ihre Initiative und ihren Einfallsreichtum, mit dem sie Tante Lunia gerettet hatte. Wir gingen spazieren, wir machten Fotos, und abends verabschiedete ich mich und ging zu meinen Freundinnen zurück ins Kinderheim.

Von Deutschland aus wurden wir, die Kinder des Kinderheimes, in ein Lager in Frankreich gebracht. In Marseilles gingen wir an Bord der „Champollion" und fuhren nach Eretz Israel. Großvater und Lunia blieben noch ein paar Monate länger im Lager in Deutschland und gingen dann nach Frankreich. Die Briten verzögerten die Ausgabe von Genehmigungen und so kam es, dass Großvater und Lunia mit Hunderten von Juden auf dem illegalen Schiff „Latrun" Richtung Eretz Israel ablegten. Ein britisches Kriegsschiff entdeckte das Schiff kurz vor der Küste Israels und die Passagiere wurden in ein britisches Internierungslager auf Zypern deportiert.

Mit allen allein

Ich war elf Jahre alt, als ich in dem landwirtschaftlichen Kinderdorf in dem kleinen israelischen Ort Magdiel ankam. Die Kinder in diesem Dorf kamen aus Polen, der Tschechoslowakei, aus Griechenland und Bulgarien. Es gab junge Frauen und junge Männer als Betreuer, Jungen und Mädchen waren in voneinander getrennten Wohnquartieren untergebracht.

Alles fiel mir schwer. Die Hitze plagte mich. Ich sprach polnisch, hebräisch verstand ich nicht und mit meinen Betreuern kam ich nicht zurecht. Langsam wurde es besser. Ich freundete mich mit den Jungen und Mädchen an und wir wuchsen zu einer großen Familie zusammen. Als der Beginn des neuen Schuljahres angekündigt wurde, war niemand glücklicher als ich. Als ich in der Schule nach meinem Namen gefragt wurde, antwortete ich zum ersten Mal mit „Marta Winter". Jedes einzelne Wort der Lehrerin machte mich glücklich. Jeden Morgen stand ich um fünf Uhr auf, duschte mich kalt – warmes Wasser hatten wir nur zweimal die Woche – zog mich an und wiederholte alles, was wir mit der Lehrerin durchgenommen

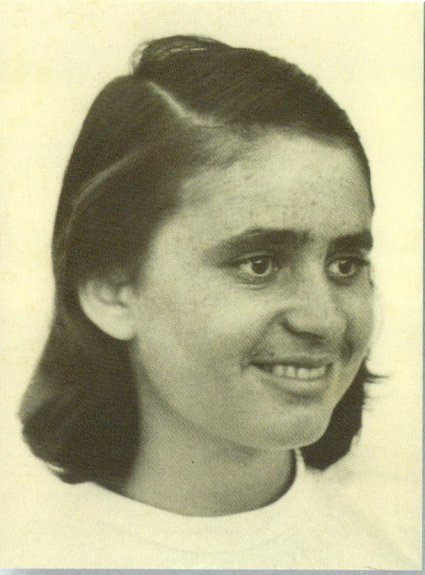

Mit meinen Freunden im Zelt in Magdiel

hatten. Nach dem Frühstück im Speisesaal lief ich zur Schule und lernte bis Mittag. Nachmittags arbeitete ich auf dem Bauernhof. Je mehr ich in der Schule vorankam und je besser mein Hebräisch wurde, desto weniger kam ich mit meinen Betreuern aus. Ich bat sie einmal um Hefte und Stifte für die Schule und ihre Antwort war: „Wozu? Du wirst es sowieso zu nichts bringen." „Das werden wir ja sehen. Ich werde einmal eine richtige Ausbildung haben!", antwortete ich selbstsicher. Anstatt in einem Heft mitzuschreiben, prägte ich mir die Stunden auswendig ein.

Alle meine Freunde im Dorf hatten Verwandte oder Bekannte, zu denen sie am Schabbat und während der Ferien fuhren. Ich hatte niemanden. Großvater und Lunia waren noch nicht in Israel angekommen. Einmal brachte man mich mit ein paar anderen Freunden zusammen nach Tel Aviv auf den Habimah-Platz, wo wir an eine Pflegefamilie weitervermittelt werden sollten, aber ich benahm mich nicht gerade kooperativ. Ich hatte das Gefühl, niemand würde jemals meine Mutter ersetzen können. Meine Betreuerin hatte ein richtig bösartiges Gemüt.

Mit meiner Freundin Raya Weissman

Mit meiner Freundin Rutke Ben David

Sie bestrafte uns oft, zum Beispiel verbot sie uns, Filme zu sehen oder zu Verwandten auf Besuch zu fahren. Ich hasste Filme und ich fuhr nie, auch nicht ein einziges Mal, Verwandte besuchen. Für mich war die schlimmste Strafe, nicht zur Schule gehen zu können. Die Betreuerin meldete beim Leiter des Kinderdorfes, ich würde Probleme machen und so wollte er mich vom Kinderdorf ausweisen. Ich entgegnete, wenn er mich von Magdiel fortschicken würde, gäbe es für mich nur ein einziges Ziel: zurück nach Polen. Und dann wurde alles anders: Ein hervorragender Betreuer kam im Dorf an – Itzhak Kadmon. An seinem ersten Tag versammelte er uns alle um sich und lud uns ein, mit allen Schwierigkeiten zu ihm zu kommen. Mit ihm fand ich eine gemeinsame Sprache. Er war an meinen Gefühlen interessiert und die Gespräche mit ihm gaben mir neuen, tiefen Halt. Als ich vierzehn Jahre alt war, verabschiedete er sich von uns. Er schrieb mir die folgenden Worte in mein Album: „Marta, ich weiß nicht warum, aber ich bin ganz sicher, dass du Erfolg haben wirst im Leben. Hab ich Recht? Itzhak Kadmon." Ich glaube, er hatte Recht.

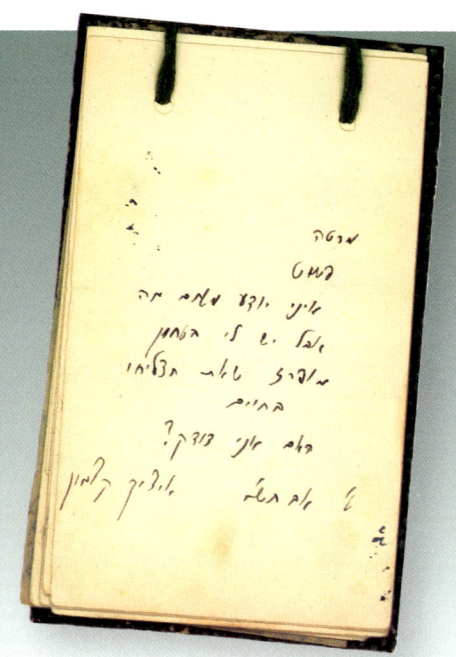

Marta,
ich weiß nicht warum,
aber ich bin ganz sicher,
dass du Erfolg haben wirst im Leben.
Hab ich Recht?
Itzhak Kadmon

Itzhak Kadmon

Michael

Von der Zeit in Magdiel habe ich noch eine andere, süße und schmerzhafte Erinnerung. In Magdiel begegnete ich Michael Klein, der vier Jahre älter war als ich. Im Holocaust wurde er zur Zwangsarbeit verschleppt, wo er seinen Vater verlor. Er machte alleine Alijah und wartete auf seine Mutter und Schwester. Michael war groß, er sah gut aus, hatte schwarze Locken und lachende schwarze Augen. Er hatte eine Freundin, Bronya, und war für mich so etwas wie ein älterer Bruder. Er war geduldig, aufmerksam und gab mir immer gute Ratschläge. Ihm erzählte ich, wenn ich Ärger hatte, und auch meine glücklichen Momente im Dorf teilte ich mit ihm. Ich erzählte ihm von der Schule und von der Arbeit und besonders mochte ich es, einfach so neben ihm zu sitzen. Dann brach der Unabhängigkeitskrieg aus. Ich war knapp dreizehn Jahre alt. Die älteren Schüler des Dorfes schlossen sich der Palmach an, auch Michael war unter ihnen. An Pessach 1948, drei Wochen bevor der Staat Israel ausgerufen werden sollte, erhielt ich die schlimme Nachricht: Michael war auf dem Weg nach Jerusalem im Kampf gefallen. Die Nachricht von seinem Tod erschütterte und schmerzte mich tief. Ich hatte zwar gewusst, dass Krieg war in Israel, aber dieser Krieg ähnelte in keiner Weise dem, den ich in Polen durchgemacht hatte. Im Jugenddorf Magdiel hörten wir keine Schüsse, wir rannten nicht in die Schutzbunker, und Angst hatten wir vor niemandem. Erst als Michael gefallen war, verstand ich, dass dieser Krieg ganz nahe war und dass er vielen geliebten Menschen das Leben kostete. Wenn ich heute mit meiner Familie in der Gegend von Jerusalem unterwegs bin und wir über die Kämpfe sprechen, die dort während des Unabhängigkeitskrieges stattfanden, erzähle ich von meinem guten Freund Michael und zitiere aus einem Brief, den er mir vor unserem Abschied geschrieben hatte: „Marta. Viel Wasser wird unserer Freundschaft nichts anhaben können, ganze Flüsse werden sie nicht auslöschen. Wir werden für immer Freunde bleiben." Unsere Ausflüge in diese Gegend beenden wir oft mit einem Besuch von Michaels Grab auf dem Militärfriedhof in Kiryat Anavim.

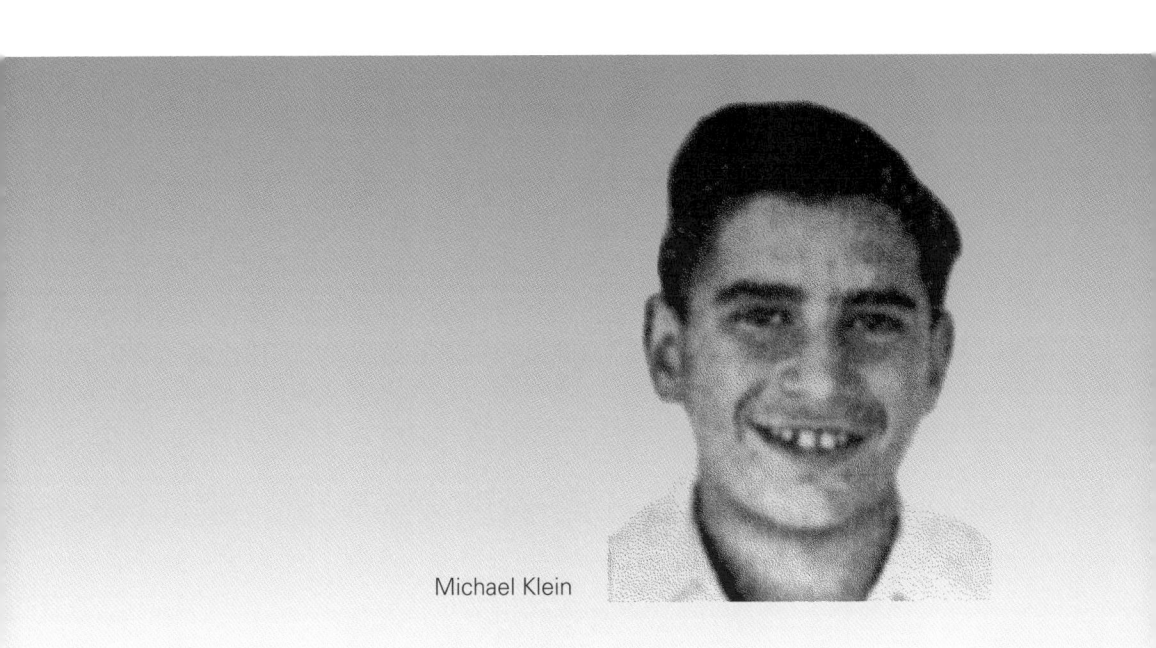

Michael Klein

Leiser und Pesya

Am Schabbat und während der Ferien fuhren meine Freunde zu Verwandten. Ich blieb im Dorf. Es fiel mir nicht leicht, mich am Freitag von allen zu verabschieden. Aber wenn die Freunde dann nach dem Wochenende oder am Ende der Ferien zurückkamen, meinten sie oft, dass sie mit ihren entfernten Verwandten keine gemeinsame Sprache gefunden hätten und der Besuch enttäuschend verlaufen sei. Daher hatte ich das Gefühl, ich würde nicht allzu viel versäumen.

Eines Freitag nachmittags, als meine Freunde schon abgefahren und ich allein zurückgeblieben war, hielt neben mir ein Wägelchen an, vor das ein Esel gespannt war. Auf dem Wagen saßen ein Vater und sein Sohn, der etwa in meinem Alter war.

„Schalom. Bist du Marta?" „Ja. Und wer seid ihr?" „Wir sind Leiser und Amram. Wir haben gehört, dass du nirgendwo hingehen möchtest am Schabbat. Willst du vielleicht für Freitagabend zu uns kommen? Wir leben hier in der Nähe im Moschav Yarkona. Ich verspreche dir, dich nach dem Essen zurück zu bringen. Kommst du?"

Ich dachte: Die beiden sehen anständig aus. Und auf dem Wagen ist ein Platz frei. Warum also nicht mitkommen? Ich würde ein gutes Essen bekommen und dann zum Dorf zurück gebracht werden. Da lasse ich mich auf keine allzu große Sache ein.
Ich willigte ein.
Wir kamen bei einem kleinen Haus an, das von Blumenbeeten mit Stiefmütterchen und einem Rosenbusch umgeben war. Pesya, eine lächelnde Frau mit großen, blauen Augen, begrüßte mich und bot mir ein großes Glas Limonade an. Es war köstlich. Ich aß mit Pesya, Leiser und ihren Kindern, Amram und Bat Sheva, gut zu Abend. Als Leiser meinte, es sei an der Zeit, zum Dorf zurück zu fahren, sagte ich: „Ich würde gerne hier übernachten." Von da an besuchte ich Pesya, Leiser und ihre Kinder von Zeit zu Zeit. Manchmal übernachtete ich bei ihnen, manchmal fuhr ich zurück ins Dorf. Unser Kontakt wurde langsam enger. Ich fand heraus, dass ihr Nachbar Shimon Meckler, der bei uns im Dorf für die Feldarbeit zuständig war, gehört hatte,

Pesya und Leiser

dass ich allein im Dorf bleibe und Leiser davon erzählt hatte. Mein Geburtstag kam näher und Pesya schlug vor, eine kleine Feier mit Kuchen und Kerzen zu organisieren.

Ich war sofort dagegen. „Meine Mutter ist nicht mehr am Leben und ich sehe keinen Grund, meinen Geburtstag zu feiern," erklärte ich. „Ich habe eine bessere Idee," sagte Pesya, „wir beide fahren zusammen nach Tel Aviv, gehen spazieren und essen Eis."

Seitdem fuhren wir beide immer an meinem Geburtstag nach Tel Aviv zum Eisessen, für viele Jahre, bis Pesya älter und schwächer wurde. Als ich erwachsen war und auf der Krankenschwesternschule lernte, beschloss ich, meinen Mitschülern nicht zu erzählen, dass ich eine Waise bin und während des Holocaust in Polen gewesen war. Stattdessen sagte ich, dass meine Eltern Pesya und Leiser und mein Bruder und meine Schwester im Moschav Yarkona lebten. Einmal fragte jemand Leiser: „Wie kommt es, dass Marta gerade zu euch kam?" Er antwortete: „Weil sie genau die Tochter ist, die wir uns immer gewünscht haben."

Von 1948 bis heute

Nach der Staatsgründung kamen Großvater und Lunia in Eretz Israel an und ließen sich im Kibbutz Mischmar Ha'emek nieder. In Israel wurde Lunia Yehudit genannt, aber für uns, ihre Familie, war sie nach wie vor Lunia. Obwohl ich sie von Zeit zu Zeit im Kibbutz besuchte und sie auch mich besuchen kamen, blieb mein Zuhause bei meinen Freunden in Magdiel. Als ich 15 war, ging ich von Magdiel fort. Mosche Kol, der damalige Leiter der Jugend-Alijah, setzte sich für mich ein und schickte mich in den Kibbutz Netzer Sereni, wo ich zwei wunderschöne und glückliche Jahre verbrachte. Mit 17 Jahren begann ich eine dreijährige Ausbildung zur Krankenschwester an der Schwesternschule des Krankenhauses Tel Hashomer.

Bei meiner Arbeit im Krankenhaus

Mein Großvater im Weinberg des Kibbutz Mishmar Ha'emek

Mit Großvater, Yehudit (Lunia) und ihrem Sohn Gadi im Kibbutz Mishmar Ha'emek

Während meiner Ausbildung lernte ich Amos Goren kennen, einen gebürtigen Israeli, der damals Offizier in der israelischen Armee war. Im letzten Jahr meiner Ausbildung heirateten wir.

Unsere erste Tochter nannten wir Netta, nach meiner Mutter. Nach ihr kamen unsere beiden Söhne, Shai und Motti. Wir wohnten in einer Sozialwohnung in Katamon, einem Viertel in Jerusalem, und wir nahmen Miriam Shefner, eine ältere Frau, die ihre gesamte Familie im Holocaust verloren hatte, bei uns auf, so dass die Kinder eine Großmutter hatten. Amos studierte Physik an der Hebräischen Universität in Jerusalem und ich arbeitete als Krankenschwester.

Später zogen wir nach Rechovot und bauten uns dort ein Haus. Meine Liebe zum Lernen habe ich nie aufgegeben und so begann ich, an der Universität zu studieren.

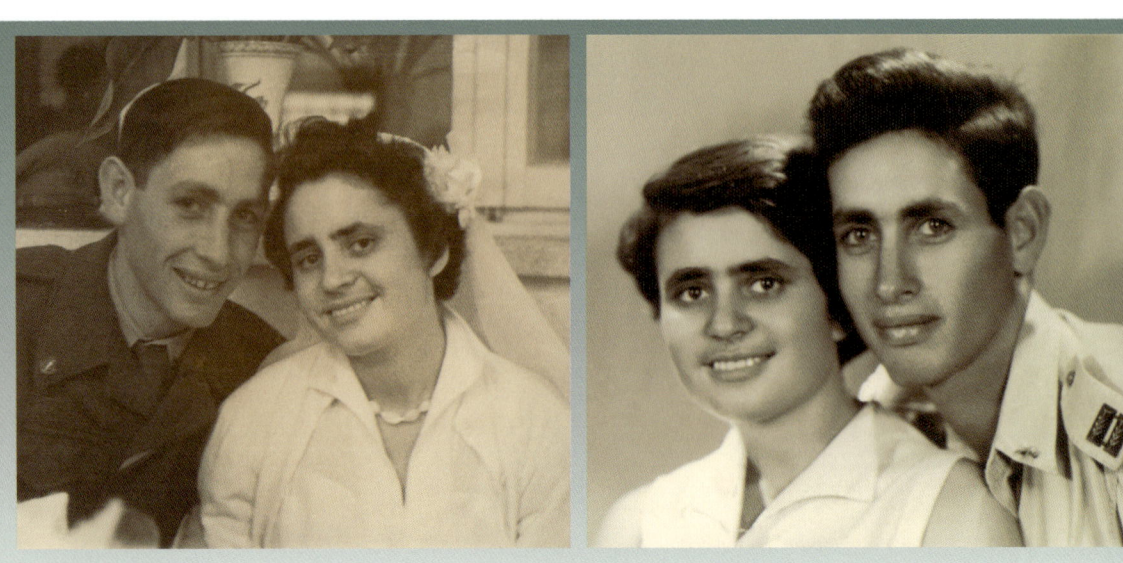

Amos und ich

Erst Ende der 1980er fühlte ich mich soweit, dass ich in der Lage war, nach Polen zu reisen. Leider war das zu spät. Ich besuchte Lydka, aber Frau Czaplinska konnte ich nicht mehr sehen. Sie war einige Jahre zuvor gestorben. Lydka sagte, Frau Czaplinska hätte bis zu ihrem Todestag um mich getrauert. „Frau Czaplinska wollte so gerne wissen, wen du geheiratet hast. Sie hoffte, dass du einen guten Ehemann hast," sagte Lydka. „Ich bin sicher, dass sie getröstet gewesen wäre, wenn sie Amos gesehen hätte."

Frau Czaplinska, Anna und Joseph Schultz und Lydka sind alle als Gerechte unter den Völkern anerkannt. Ihre Namen sind im Garten der Gerechten unter den Völkern in Yad Vashem in Stein eingraviert.

Seit einigen Jahren führe ich Reisegruppen in Polen. Ich habe auch meinen Geburtsort Tschortkov besucht, der heute in der Ukraine liegt. Amos kommt manchmal mit und bei unserer letzten Reise hat uns auch Tante Lunia begleitet.

Ich suchte den Schwarzen Wald auf, in dem mein Vater ermordet worden war. Ich konnte einige der Gebäude ausmachen, die mir im Gedächtnis geblieben waren, und besuchte sie: Das Haus in der Rinekstraße, die Synagoge, die Apotheke, in der Mutter

Unterwegs im Schwarzen Wald

Neben dem Denkmal

gearbeitet und der Kellerraum, in dem ich mich versteckte hatte, und das Haus, in dem Mutter, Vater und ich zuletzt zusammen gelebt hatten. Dort stehen noch die Möbel meiner Eltern – die großen Betten, mit denen der Raum bereits ausgefüllt war, Mutters Schminktisch, das Bücherregal und der Tisch. Die Leute, die heute in diesem Haus leben, behaupten, sie hätten die Möbel in einem Laden gekauft. Die älteren Einwohner von Tschortkov sind die einzigen, die sich daran erinnern, was die Deutschen und die Ukrainer aus der Gegend den Juden angetan haben. Gemeinsam mit anderen errichteten wir ein großes Denkmal im Schwarzen Wald. Jeder, der hierher kommt, wird sich erinnern und wird alle Einwohner der Stadt daran erinnern, dass es in Tschortkov einmal eine blühende jüdische Gemeinde gab, die zerstört worden ist, und dass viele Juden der Stadt im Wald ermordet worden sind.

Unter den Juden der Stadt gab es eine kleine Familie – die Familie Winter. Meine Mutter Netty, mein Vater Israel und ich, ihre kleine Tochter, Marta.

Ich habe euch jetzt meine
Geschichte erzählt.
Ich würde mich freuen,
von euch zu hören und bin
gerne bereit, eure Fragen zu
beantworten.
Bitte schreibt an die folgende
Adresse:

Marta Goren
7 Pashosh Street
Rechovot 76329
Israel

Email: gorena@012.net.il

Worterklärungen

Aliyah (wörtlich: „Aufstieg"): Bezeichnung für die jüdische Einwanderung nach Palästina. Ursprünglich bedeutete Aliyah das Hinaufziehen zum Tempel in Jerusalem im Sinne einer Wallfahrt. Erst im 20. Jh. änderte sich die Bedeutung des Wortes Aliyah.

Challot: Schabbatbrote, die zu Zöpfen geflochten und zu Schabbat paarweise serviert werden.

Displaced-Persons-Lager (DP-Lager): Vorübergehende Auffanglager, in denen so genannte Displaced Persons (DPs) nach der Befreiung 1945 untergebracht wurden. DP war nach dem Zweiten Weltkrieg die Bezeichnung der Westalliierten für Verschleppte, ehemalige Zwangsarbeiter und überlebende Juden. Bei Kriegsende gab es in Europa etwa sieben Millionen DPs. Darunter waren rund 250.000 Juden. Von ihnen wanderten etwa 136.000 nach Israel aus, in die USA etwa 80.000, rund 12.000 blieben in Deutschland.

Eretz Israel: Zionistische Bezeichnung für das Land Israel. Vor der Staatsgründung 1948 bezog sich der Ausdruck auf das britische Mandatsgebiet Palästina.

Gestapo (Abkürzung für „Geheime Staatspolizei"): Die Aufgaben der Gestapo waren hauptsächlich die Bespitzelung und Überwachung der Bevölkerung, um politische Gegner aufzufinden und zu verfolgen. Sie verhaftete auch Juden, und besonders nach 1939 war die Gestapo offiziell für die Verfolgung der Juden zuständig. Die Gestapo unterstand Heinrich Himmler (Leiter der SS) und Reinhard Heydrich (Leiter des Reichssicherheitshauptamtes und des Sicherheitsdienstes).

Gerechte unter den Völkern: Ehrentitel für Nichtjuden, die während des Holocaust Juden gerettet haben, indem sie sie versteckten oder ihnen zur Flucht verhalfen. Der Person kommt auch dann die Ehrung zugute, wenn die Rettung am Ende misslang. Allerdings muss es sich um eine Rettung ohne Forderung einer Gegenleistung handeln. Der Titel „Gerechte unter den Völkern" wird ausschließlich von Yad Vashem vergeben. Bis Januar 2007 wurden insgesamt rund 22.000 Gerechte geehrt.

Ghetto: Dieser Begriff bezeichnet ein Wohngebiet oder eine Straße, in der Juden getrennt von der christlichen bzw. nicht jüdischen Umgebung leben müssen. Oftmals wurden solche Wohngebiete ummauert und abgeriegelt. Die Bezeichnung für ein solches Viertel entstand in Italien im 16. Jahrhundert, als 1516 in Venedig ein Ghetto eingerichtet wurde. Die Ghettoisierung von Juden war in Europa im Mittelalter üblich. Die mittelalterlichen Ghettos hatten die gesellschaftliche Absonderung der Juden als Zweck, es kam nicht zur Konzentration, um die Juden zu töten. Dies ist der wesentliche Unterschied zu den nationalsozialistischen Ghettos, die ab 1939 in den besetzten osteuropäischen Ländern errichtet wurden. Die Lebensbedingungen in diesen Ghettos waren unerträglich und unerbittlich. Zwischen 1940 und 1942 starben allein in Warschau und Lodz mehr als 140.000 Menschen, das waren fast 20 Prozent der Bewohner. In den meisten Ghettos mussten die Juden auch Zwangsarbeit leisten. Die beiden größten Ghettos wurden in Warschau und Lodz in Polen eingerichtet.

Hannukkah: Achttägiges jüdisches Fest, das an die Wiedereinweihung des Zweiten Tempels in Jerusalem nach dem jüdischen

Aufstand gegen die seleukidischen Fremdherrscher erinnert. Unter Judas Makkabäus wurde 166 bis 164 vor der (allg.) Zeitrechnung Judäa zurückerobert. Der heidnische Altar wurde entfernt, der Tempel gereinigt und neu geweiht. Das „Wunder des Lichts" bestand darin, dass ein Fläschchen Öl, das für die Neuweihe nötig war, eigentlich nur einen Tag gereicht hätte, die Lichter aber acht Tage brannten.

Internierungslager: Bewachtes Lager, in dem politische Gefangene festgehalten werden.

Jiddisch: Sprache, die Juden hauptsächlich in Osteuropa als Alltagssprache gesprochen haben. Sie enstand aus einer Kombination aus Mittelhochdeutsch, der jeweils lokalen Sprache und Hebräisch. Bis heute wird von vielen frommen Juden Jiddisch gesprochen.

„Judenrein" (auch „judenfrei"): Bezeichnung der Nazis für Gebiete oder Stadtteile, aus denen sämtliche Juden vertrieben oder deportiert worden waren.

Kibbutz: Genossenschaftlich organisiertes Dorf in Israel. Ursprünglich hatten Kibbutzim eine sozialistische und basisdemokratische Ausrichtung, d.h. es gab kein Eigentum, jeder sollte arbeiten, wie und was er konnte und das bekommen, was er zum Leben brauchte. In den ersten Jahren nach der Gründung des Staates Israel lebten viele neue Einwanderer und auch Jugendliche, die überlebt hatten, in Kibbutzim.

Ma'apilim-Schiffe: Schiffe mit jüdischen Überlebenden des Holocaust, denen von der britischen Mandatsmacht die Einwanderung nach Palästina verwehrt wurde.

Masal tov!: Viel Glück!

Palmach: Die 1941 gegründete Palmach war während des Zweiten Weltkriegs eine Kommandotruppe der jüdischen Selbstverteidigungsorganisation Haganah, die im Britischen Mandatsgebiet Palästina für die Gründung eines jüdischen Staates kämpfte. Vor allem Jugendliche schlossen sich der Palmach an. Nach der Staatsgründung 1948 ging die Palmach im israelischen Heer auf.

Pharmazie (auch Pharmazeutik): Naturwissenschaft, die sich mit der Erforschung, Wirkung und Herstellung von Arzneimitteln befasst.

Pessach: Das Fest dauert sieben Tage, vom 15. bis 22. Nissan (jüdischer Monat), zumeist im April. Es erinnert an die biblische Geschichte vom Auszug der Juden aus Ägypten und damit aus der Sklaverei in eine selbst bestimmte Zukunft. Das Pessach-Fest wird mit dem Seder-Abend am Vorabend begonnen. Pessach ist ein Fest, das mit der ganzen Familie und Freunden gemeinsam gefeiert wird.

Yad Vashem: Nationale israelische Gedenkstätte in Jerusalem. Dort wird an die sechs Millionen jüdischen Opfer des Holocaust erinnert. Auf dem Gelände befinden sich unter anderem ein großes Museum, mehrere Archive und ein Forschungs- und Bildungszentrum, in dem zum Holocaust geforscht wird und Fortbildungsseminare stattfinden.

Zigeuner: Im allg. Sprachgebrauch benutzter Oberbegriff für die Volksgruppen der Roma, Sinti und Jenische, die als „fahrendes Volk" durch Europa zogen. Von den Nationalsozialisten wurden auch die Zigeuner verfolgt, wenn auch nicht so systematisch wie die Juden.

Zionismus; Zionist: Politische Bewegung, die in der zweiten Hälfte des 19. Jh. in

Europa aufkam. Führende jüdische Intellektuelle wie Theodor Herzl forderten, auch als Reaktion auf antisemitische Pogrome (Ausschreitungen) in Europa, einen eigenen jüdischen Staat, der zur Selbstbestimmung und Unabhängigkeit der Juden führen sollte. Religiös motivierte Zionisten plädierten dafür, dass dieser Staat im Ursprungsland des jüdischen Volkes, dem biblischen Israel liegen sollte.

Zypern: Mit der zweiten (illegalen) Einwanderungswelle nach Palästina schickten die Briten (Besatzungsmacht in Palästina bis zur Staatsgründung Israels 1948) viele Juden vorläufig in Internierungslager. Auf der vor der Küste Israels liegenden Mittelmeerinsel Zypern wurden viele Überlebende des Holocaust vorübergehend festgehalten.

König David: Legendärer König Israels, dessen Geschichte in den Büchern Samuels steht. David, ein Hirtenjunge, wurde schon als Kind von Samuel zum zukünftigen König gesalbt. König Saul ließ ihn an seinen Hof holen, weil er so schön Harfe spielte (David gilt als Verfasser mehrerer Psalmen) und für seine Tapferkeit bekannt war. David hatte mit einer Steinschleuder und fünf Steinen den Riesen Goliath erschlagen. Unter der Herrschaft von David und seinem Sohn Salomon erhielt das Land Israel in biblischen Zeiten seine größte Ausdehnung.

Gideon: Die Geschichte Gideons steht im Buch Richter. Gideon wurde von Gott berufen, die Juden aus der Herrschaft der Medianiter zu befreien. Vor allem ist er aber bekannt, weil er den Altar der heidnischen Gottheit Baal niederriss. Nach dem Triumph über die Medianiter lehnte Gideon die Königswürde ab, bat aber um einen Teil des erbeuteten Goldes. Hieraus ~~igte~~ er ein Efod (Götzenbild) an und ~~~~ann die Götzendienerei wieder, welche das Haus Gideon nach seinem Tode zu Fall brachte. Unter Gideons Herrschaft lebte das Volk Israels 40 Jahre lang in Frieden.

Judas Makkabäus: Jüdischer Freiheitskämpfer, der gemeinsam mit seinem Vater Mattathias gegen die Herrschaft der Seleukiden (Nachfahren von einem Feldherrn Alexanders des Großen, die in Palästina Fremdherrscher waren) aufbegehrte. Ein königliches Dekret sollte von den Juden verlangen, heidnischen Göttern zu opfern. Dies war Ausgangspunkt eines Aufstands, der 165 vor der (allg.) Zeitrechnung mit der Rückeroberung Jerusalems und der Neueinweihung des Tempels unter Judas Makkabäus endete. Noch heute erinnert das jüdische Fest Hannukkah an diesen Triumph.

Samson: Jüdischer Held, dessen Leben im Buch Richter beschrieben wird. Er lebte zu der Zeit, als die Juden von den Philistern unterdrückt wurden. Samson war außergewöhnlich stark, weil er vor seiner Geburt schon von Gott erwählt wurde. Das Geheimnis seiner Stärke war, dass er seine Haare nie schnitt. Er galt als jähzornig und tötete viele Philister in seiner Wut, weshalb diese ihn fürchteten. Berühmt ist Samson v.a. für sein tragisches Ende: Er verliebte sich in Delila, die ihm das Geheimnis seiner Kraft entlockte und ihn dann verriet. Daraufhin schoren ihm die Philister während er schlief das Haar, blendeten ihn und ließen ihn Sklavenarbeit verrichten. Als er einmal bei einem großen Fest zur Belustigung der Gäste vorgeführt wurde, beschloss er, die Philister mit sich in den Tod zu reißen, indem er die Mittelsäulen des Hauses umfasste und sie und damit das ganze Haus zum Einsturz brachte.